Bartolomé de Las Casas

Brevísima relación de la destrucción de las indias

ARGUMENTO DEL PRESENTE EPÍTOME

Todas las cosas que han acaescido en las Indias, desde su maravilloso descubrimiento y del principio que a ellas fueron españoles para estar tiempo alguno, y después en el proceso adelante hasta los días de agora, han sido tan admirables y tan no creíbles en todo género a quien no las vido, que parece haber añublado[1] y puesto silencio y bastantes a poner olvido a todas cuantas por hazañosas que fuesen en los siglos pasados se vieron y oyeron en el mundo. Entre éstas son las matanzas y estragos de gentes innocentes y despoblaciones de pueblos, provincias y reinos que en ella se han perpetrado, y que todas las otras no de menor espanto. Las unas y las otras refiriendo a diversas personas que no las sabían, y el obispo don fray Bartolomé de las Casas o Casaus, la vez que vino a la corte después de fraile a informar al Emperador nuestro señor (como quien todas bien visto había), y causando a los oyentes con la relación de ellas una manera de éxtasi y suspensión de ánimos, fue rogado e importunado que de estas postreras pusiese algunas con brevedad por escripto. Él lo hizo, y viendo algunos años después muchos insensibles hombres que la cobdicia y ambición ha hecho degenerar del ser hombres, y sus facinorosas obras traído en reprobado sentido, que no contentos con las traiciones y maldades que han cometido, despoblando con exquisitas especies de crueldad aquel orbe, importunaban al rey por licencia y auctoridad para tornarlas a cometer y otras peores (si peores pudiesen ser), acordó presentar esta suma, de lo que cerca de esto escribió, al Príncipe nuestro señor, para que Su Alteza fuese en que se les denegase; y parecióle cosa conveniente ponella en molde, porque Su Alteza la leyese con más facilidad. Y ésta es la razón del siguiente epítome, o brevísima relación.

FIN DEL ARGUMENTO.

PROLOGO

DEL OBISPO DON FRAY BARTOLOMÉ DE LAS CASAS O CASAUS PARA EL MUY ALTO Y MUY PODEROSO SEÑOR EL PRÍNCIPE DE LAS ESPAÑAS, DON FELIPE, NUESTRO SEÑOR

Muy alto e muy poderoso señor:

Como la Providencia Divina tenga ordenado en su mundo que para dirección y común utilidad del linaje humano se constituyesen, en los reinos y pueblos, reyes, como padres y pastores (según los nombra Homero), y, por consiguiente, sean los más nobles y generosos miembros de las repúblicas, ninguna dubda de la rectitud de sus ánimos reales se tiene, o con recta razón se debe tener, que si algunos defectos, nocumentos[2 y males se padecen en ellas, no ser otra la causa sino carecer los reyes de la noticia de ellos. Los cuales, si les constasen, con sumo estudio y vigilante solercia[3 extirparían. Esto parece haber dado a entender la divina Escriptura en los proverbios de Salomón. Rex qui sedet in solio iudicii, dissipat omne malum intuitu suo.[4 Porque de la innata y natural virtud del rey, así se supone, conviene a saber, que la noticia sola del mal de su reino es bastantísima para que lo disipe, e que ni por un momento solo, en cuanto en sí fuere, lo pueda sufrir.

Considerando, pues, yo (muy poderoso señor), los males e daños, perdición e jacturas[5 (de los cuales nunca otros iguales ni semejantes se imaginaron poderse por hombres hacer) de aquellos tantos y tan grandes e tales reinos, y, por mejor decir, de aquel vastísimo e nuevo mundo de las Indias, concedidos y encomendados por Dios e por su Iglesia a los reyes de Castilla para que se los rigiesen e gobernasen, convertiesen e prosperasen temporal y espiritualmente, como hombre que por cincuenta años y más de experiencia, siendo en aquellas tierras presente los he visto cometer; que, constándole a Vuestra Alteza algunas particulares hazañas dellos no podría contenerse de suplicar a Su Majestad con instancia importuna que no conceda ni permita las que los tiranos inventaron, prosiguieron y han cometido [que llaman conquistas. En las cuales, si se permitiesen, han de tornarse a hacer, pues de sí mismas (hechas contra aquellas indianas gentes, pacíficas, humildes y mansas que a nadie ofenden), son inicuas, tiránicas y por toda ley natural, divina y humana, condenadas, detestadas e malditas; deliberé, por no ser reo, callando, de las perdiciones de ánimas e cuerpos infinitas que los tales perpetraran, poner en molde algunas e muy pocas

5

que los días pasados colegí de innumerables, que con verdad podría referir, para que con más facilidad Vuestra Alteza las pueda leer.

Y puesto que el arzobispo de Toledo, maestro de Vuestra Alteza, siendo obispo de Cartagena me las pidió e presentó a Vuestra Alteza, pero por los largos caminos de mar y de tierra que Vuestra Alteza ha emprendido, y ocupaciones frecuentes reales que ha tenido, puede haber sido que, o Vuestra Alteza no las leyó o que ya olvidadalas tiene, y el ansia temeraria e irracional de los que tienen por nada indebidamente derramar tan inmensa copia de humana sangre e despoblar de sus naturales

moradores y poseedores, matando mil cuentos[6] de gentes, aquellas tierras grandísimas, e robar incomparables tesoros, crece cada hora importunando por diversas vías e varios fingidos colores, que se les concedan o permitan las dichas conquistas (las cuales no se les podrían conceder sin violación de la ley natural e divina, e, por consiguiente, gravísimos pecados mortales, dignos de terribles y eternos suplicios), tuve por conviniente servir a Vuestra Alteza con este sumario brevísimo, de muy difusa historia, que de los estragos e perdiciones acaecidas se podría e debería componer.

Suplico a Vuestra Alteza lo resciba e lea con la clemencia e real benignidad que suele las obras de sus criados y servidores que puramente, por sólo el bien público e prosperidad del estado real, servir desean. Lo cual visto, y entendida la deformidad de la injusticia que a aquellas gentes inocentes se hace, destruyéndolas e despedazándolas sin haber causa ni razón justa para ello, sino por sola la cudicia e ambición de los que hacer tan nefarias obras pretenden, Vuestra Alteza tenga por bien de con eficacia suplicar e persuadir a Su Majestad que deniegue a quien las pidiere tan nocivas y detestables empresas, antes ponga en esta demanda infernal perpetuo silencio, con tanto terror, que ninguno sea osado dende adelante ni aun solamente se las nombrar.

Cosa es ésta (muy alto señor) convenientísima e necesaria para que todo el estado de la corona real de Castilla, espiritual y temporalmente, Dios lo prospere e conserve y haga bienaventurado. Amén.

BREVÍSIMA RELACIÓN DE LA DESTRUICIÓN DE LAS INDIAS

Descubriéronse las Indias en el año de mil e cuatrocientos y noventa y dos. Fuéronse a poblar el año siguiente de cristianos españoles, por manera que ha cuarenta e nueve años que fueron a ellas cantidad de españoles: e la primera tierra donde entraron para hecho de poblar fue la grande y felicísima isla Española, que tiene seiscientas leguas en torno. Hay otras muy grandes e infinitas islas alrededor, por todas las partes della, que todas estaban e las vimos las más pobladas e llenas de naturales gentes, indios dellas, que puede ser tierra poblada en el mundo. La tierra firme, que está de esta isla por lo más cercano docientas e cincuenta leguas, pocas más, tiene de costa de mar más de diez mil leguas descubiertas e cada día se descubren más, todas llenas como una colmena de gentes en lo que hasta el año de cuarenta e uno se ha descubierto, que parece que puso Dios en aquellas tierras todo el golpe o la mayor cantidad de todo el linaje humano.

Todas estas universas e infinitas gentes a toto genero crió Dios los más simples, sin maldades ni dobleces, obedientísimas y fidelísimas a sus señores naturales e a los cristianos a quien sirven; más humildes, más pacientes, más pacíficas e quietas, sin rencillas ni bollicios, no rijosos, no querulosos,[7 sin rancores, sin odios, sin desear venganzas, que hay en el mundo. Son asimismo las gentes más delicadas, flacas y tiernas en complisión[8 e que menos pueden sufrir trabajos y que más fácilmente mueren de cualquiera enfermedad, que ni hijos de príncipes e señores entre nosotros, criados en regalos e delicada vida, no son más delicados que ellos, aunque sean de los que entre ellos son de linaje de labradores.

Son también gentes paupérrimas y que menos poseen ni quieren poseer de bienes temporales; e por esto no soberbias, no ambiciosas, no cubdiciosas. Su comida es tal, que la de los sanctos padres en el desierto no parece haber sido más estrecha ni menos deleitosa ni pobre. Sus vestidos, comúnmente, son en cueros, cubiertas sus vergüenzas, e cuando mucho cúbrense con una manta de algodón, que será como vara y media o dos varas de lienzo en cuadra. Sus camas son encima de una estera, e cuando mucho, duermen en unas como redes colgadas, que en lengua de la isla Española llamaban hamacas.

Son eso mesmo de limpios e desocupados e vivos entendimientos, muy capaces e dóciles para toda buena doctrina; aptísimos para recebir nuestra sancta fee católica e ser dotados de virtuosas costumbres, e las que menos impedimientos tienen para esto, que Dios crió en el mundo. Y son tan importunas desque una vez comienzan a tener noticia de las cosas de la fee, para saberlas, y en ejercitar los sacramentos de la Iglesia y el culto divino, que digo verdad que han menester los religiosos, para sufrillos, ser dotados por Dios de don muy señalado de paciencia; e, finalmente, yo he oído decir a muchos seglares españoles de muchos años acá e muchas veces, no pudiendo negar la bondad que en ellos veen: «Cierto estas gentes eran las más bienaventuradas del mundo si solamente conocieran a Dios.»

En estas ovejas mansas, y de las calidades susodichas por su Hacedor e Criador así dotadas, entraron los españoles, desde luego que las conocieron, como lobos e tigres y leones crudelísimos de muchos días hambrientos. Y otra cosa no han hecho de cuarenta años a esta parte, hasta hoy, e hoy en este día lo hacen, sino despedazallas, matallas, angustiallas, afligillas, atormentallas y destruillas por las estrañas y nuevas e varias e nunca otras tales vistas ni leídas ni oídas maneras de crueldad, de las cuales algunas pocas abajo se dirán, en tanto grado, que habiendo en la isla Española sobre tres cuentos de ánimas que vimos, no hay hoy de los naturales della docientas personas. La isla de Cuba es cuasi tan luenga como desde Valladolid a Roma: está hoy cuasi toda despoblada. La isla de Sant Juan e la de Jamaica, islas muy grandes e muy felices e graciosas, ambas están asoladas. Las islas de los Lucayos, que están comarcanas a la Española y a Cuba por la parte del Norte, que son más de sesenta con las que llamaban de Gigantes e otras islas grandes e chicas, e que la peor dellas es más fértil e graciosa que la huerta del rey de Sevilla, e la más sana tierra del mundo, en las cuales había más de quinientas mil ánimas, no hay hoy una sola criatura. Todas las mataron trayéndolas e por traellas a la isla Española, después que veían que se les acababan los naturales della. Andando un navío tres años a rebuscar por ellas la gente que había, después de haber sido vendimiadas, porque un buen cristiano se movió por piedad para los que se hallasen convertillos e ganallos a Cristo, no se hallaron sino once personas, las cuales yo vide. Otras más de treinta islas, que están en comarca de la isla de Sant Juan, por la misma causa están despobladas e perdidas. Serán todas estas islas, de tierra, más de dos mil leguas, que todas están despobladas e desiertas de gente.

De la gran tierra firme somos ciertos que nuestros españoles por sus crueldades y nefandas obras han despoblado y asolado y que están hoy desiertas, estando llenas de hombres racionales, más de diez reinos mayores que toda España, aunque entre Aragón y Portugal en ellos, y más tierra que hay de Sevilla a Jerusalén dos veces, que son más de dos mil leguas.

Daremos por cuenta muy cierta y verdadera que son muertas en los dichos cuarenta años por las dichas tiranías e infernales obras de los cristianos, injusta y tiránicamente, más de doce cuentos de ánimas, hombres y mujeres y niños; y en verdad que creo, sin pensar engañarme, que son más de quince cuentos.

Dos maneras generales y principales han tenido los que allá han pasado que se llaman cristianos en extirpar y raer de la haz de la tierra a aquellas miserandas naciones. La una, por injustas, crueles, sangrientas y tiránicas guerras. La otra, después que han muerto todos los que podrían anhelar o sospirar o pensar en libertad, o en salir de los tormentos que padecen, como son todos los señores naturales y los hombres varones (porque comúnmente no dejan en las guerras a vida sino los mozos y mujeres), oprimiéndolos con la más dura, horrible y áspera servidumbre en que jamás hombres ni bestias pudieron ser puestas. A estas dos maneras de tiranía infernal se reducen e se resuelven o subalternan como a géneros todas las otras diversas y varias de asolar aquellas gentes, que son infinitas.

La causa por que han muerto y destruido tantas y tales e tan infinito número de ánimas los cristianos ha sido solamente por tener por su fin último el oro y henchirse de riquezas en muy breves días e subir a estados muy altos e sin proporción de sus personas; conviene a saber, por la insaciable cudicia e ambición que han tenido, que ha sido mayor que en el mundo ser pudo, por ser aquellas tierras tan felices e tan ricas, e las gentes tan humildes, tan pacientes y tan fáciles a subjectarlas; a las cuales no han tenido más respecto ni dellas han hecho más cuenta ni estima (hablo con verdad por lo que sé y he visto todo el dicho tiempo), no digo que de bestias (porque pluguiera a Dios que como a bestias las hubieran tractado y estimado), pero como y menos que estiércol de las plazas. Y así han curado de sus vidas e de sus ánimas, e por esto todos los números e cuentos dichos han muerto sin fee e sin sacramentos. Y ésta es una muy notoria e averiguada verdad, que todos, aunque sean los tiranos e matadores, la saben e la confiesan: que nunca los indios de todas las Indias hicieron mal alguno a cristianos, antes los tuvieron por venidos del cielo, hasta que, primero, muchas veces hobieron recebido ellos o sus vecinos muchos males, robos, muertes, violencias y vejaciones dellos mesmos.

DE LA ISLA ESPAÑOLA

En la isla Española, que fue la primera, como dejimos, donde entraron cristianos e comenzaron los grandes estragos e perdiciones destas gentes e que primero destruyeron y despoblaron, comenzando los cristianos a tomar las mujeres e hijos a los indios para servirse e para usar mal dellos e comerles sus comidas que de sus sudores e trabajos salían, no contentándose con lo que los indios les daban de su grado, conforme a la facultad que cada uno tenía (que siempre es poca, porque no suelen tener más de lo que ordinariamente han menester e hacen con poco trabajo, e lo que basta para tres casas de a diez personas cada una para un mes, come un cristiano e destruye en un día) e otras muchas fuerzas e violencias e vejaciones que les hacían, comenzaron a entender los indios que aquellos hombres no debían de haber venido del cielo; y algunos escondían sus comidas; otros sus mujeres e hijos; otros huíanse a los montes por apartarse de gente de tan dura y terrible conversación. Los cristianos dábanles de bofetadas e puñadas y de palos, hasta poner las manos en los señores de los pueblos. E llegó esto a tanta temeridad y desvergüenza, que al mayor rey señor de toda la isla, un capitán cristiano le violó por fuerza su propia mujer.

De aquí comenzaron los indios a buscar maneras para echar los cristianos de sus tierras: pusiéronse en armas, que son harto flacas e de poca ofensión e resistencia y menos defensa (por lo cual todas sus guerras son poco más que acá juegos de cañas e aun de niños); los cristianos con sus caballos y espadas e lanzas comienzan a hacer matanzas e crueldades extrañas en ellos. Entraban en los pueblos, ni dejaban niños ni viejos, ni mujeres preñadas ni paridas que no desbarrigaban e hacían pedazos, como si dieran en unos corderos metidos en sus apriscos. Hacían apuestas sobre quién de una cuchillada abría el hombre por medio, o le cortaba la cabeza de un piquete o le descubría las entrañas. Tomaban las criaturas de las tetas de las madres, por las piernas, y daban de cabeza con ellas en las peñas. Otros, daban con ellas en ríos por las espaldas, riendo e burlando, e cayendo en el agua decían: bullís, cuerpo de tal; otras criaturas metían a espada con las madres juntamente, e todos cuantos delante de sí hallaban. Hacían unas horcas largas, que juntasen casi los pies a la tierra, e de trece en trece, a honor y reverencia de Nuestro Redemptor e de los doce apóstoles, poniéndoles leña e fuego, los quemaban vivos. Otros, ataban o liaban todo el cuerpo de paja seca, pegándoles fuego así los quemaban. Otros, y todos los que querían tomar a vida, cortábanles ambas manos y dellas llevaban colgando, y decíanles: «Andad con cartas», conviene a saber, lleva las nuevas a las gentes que estaban huidas por los montes. Comúnmente mataban a los señores y nobles desta manera: que hacían unas parrillas de varas sobre horquetas y atábanlos en ellas y poníanles por debajo fuego manso, para que poco a poco, dando alaridos en aquellos tormentos, desesperados, se les salían las ánimas.

Una vez vide que, teniendo en las parrillas quemándose cuatro o cinco principales y señores (y aun pienso que había dos o tres pares de parrillas donde quemaban otros), y porque daban muy grandes gritos y daban pena al capitán o le impedían el sueño, mandó que los ahogasen, y el alguacil, que era peor que verdugo que los quemaba (y sé cómo se llamaba y aun sus parientes conocí en Sevilla), no quiso ahogallos, antes les metió con sus manos palos en las bocas para que no sonasen y atizóles el fuego hasta que se asaron de espacio como él quería. Yo vide todas las cosas arriba dichas y muchas otras infinitas. Y porque toda la gente que huir podía se encerraba en los montes y subía a las sierras huyendo de hombres tan inhumanos, tan sin piedad y tan feroces bestias, extirpadores y capitales enemigos del linaje humano, enseñaron y amaestraron lebreles, perros bravísimos que en viendo un indio lo hacían pedazos en un credo, y mejor arremetían a él y lo comían que si fuera un puerco. Estos perros hicieron grandes estragos y carnecerías. Y porque algunas veces, raras y pocas, mataban los indios algunos cristianos con justa razón y santa justicia, hicieron ley entre sí, que por un cristiano que los indios matasen, habían los cristianos de matar cien indios.

LOS REINOS QUE HABÍA EN LA ISLA ESPAÑOLA

Había en esta isla Española cinco reinos muy grandes principales y cinco reyes muy poderosos, a los cuales cuasi obedecían todos los otros señores, que eran sin número, puesto que algunos señores de algunas apartadas provincias no reconocían superior dellos alguno. El un reino se llamaba Maguá, la última sílaba aguda, que quiere decir el reino de la vega. Esta vega es de las más insignes y admirables cosas del mundo, porque dura ochenta leguas de la mar del Sur a la del Norte. Tiene de ancho cinco leguas y ocho hasta diez y tierras altísimas de una parte y de otra. Entran en ella sobre treinta mil ríos y arroyos, entre los cuales son los doce tan grandes como Ebro y Duero y Guadalquivir; y todos los ríos que vienen de la una sierra que está al Poniente, que son los veinte y veinte y cinco mil, son riquísimos de oro. En la cual sierra o sierras se contiene la provincia de Cibao, donde se dicen las minas de Cibao, de donde sale aquel señalado y subido en quilates oro que por acá tiene gran fama. El rey y señor deste reino se llamaba Guarionex; tenía señores tan grandes por vasallos, que juntaba uno dellos diez y seis mil hombres de pelea para servir a Guarionex, e yo conocí a alguno dellos. Este rey Guarionex era muy obediente y virtuoso, y naturalmente pacífico, y devoto a los reyes de Castilla, y dio ciertos años su gente, por su mandado, cada persona que tenía casa, lo güeco de un cascabel lleno de oro, y después, no pudiendo henchirlo, se lo cortaron por medio e dio llena aquella mitad, porque los indios de aquella isla tenían muy poca o ninguna industria de coger o sacar el oro de las minas. Decía y ofrescíase este cacique a servir al rey de Castilla con hacer una labranza que llegase desde la Isabela, que fue la primera población de los cristianos, hasta la ciudad de Sancto Domingo, que son grandes cincuenta leguas, porque no le pidiesen oro, porque decía, y con verdad, que no lo sabían coger sus vasallos. La labranza que decía que haría sé yo que la podía hacer y con grande alegría, y que valiera más al rey cada año de tres cuentos de castellanos, y aun fuera tal que causara esta labranza haber en la isla hoy más de cincuenta ciudades tan grandes como Sevilla.

El pago que dieron a este rey y señor, tan bueno y tan grande, fue deshonrallo por la mujer, violándosela un capitán mal cristiano: él, que pudiera aguardar tiempo y juntar de su gente para vengarse, acordó de irse y esconderse sola su persona y morir desterrado de su reino y Estado a una provincia que se decía de los Ciguayos, donde era un gran señor su vasallo. Desde que lo hallaron menos los cristianos, no se les pudo encubrir: van y hacen guerra al señor que lo tenía; donde hicieron grandes matanzas, hasta que en fin lo hobieron de hallar y prender, y preso con cadenas y grillos lo metieron en una nao para traerlo a Castilla. La cual se perdió en la mar y con él se ahogaron muchos cristianos y gran cantidad de oro, entre lo cual pereció el grano grande, que era como una hogaza y pesaba tres mil y seiscientos castellanos, por haber Dios venganza de tan grandes injusticias.

El otro reino se decía del Marién, donde agora es el Puerto Real, al cabo de la Vega, hacia el Norte, y más grande que el reino de Portugal, aunque cierto harto más felice y digno de ser poblado, y de muchas y grandes sierras y minas de oro y cobre muy rico, cuyo rey se llamaba Guacanagarí (última aguda), debajo del cual había muchos y muy grandes señores, de los cuales yo vide y conocí muchos, y a la tierra déste fue primero a parar el Almirante viejo que descubrió las Indias; al cual recibió la primera vez el dicho Guacanagarí, cuando descubrió la isla, con tanta humanidad y caridad, y a todos los cristianos que con él iban, y les hizo tan suave y gracioso rescibimiento y socorro y aviamiento[9 (perdiéndosele allí aun la nao en que iba el Almirante), que en su misma patria y de sus mismos padres no lo pudiera rescebir mejor. Esto sé por relación y palabras del mismo Almirante. Este rey murió huyendo de las matanzas y crueldades de los cristianos, destruido y privado de su Estado, por los montes perdido. Todos los otros señores subditos suyos murieron en la tiranía y servidumbre que abajo será dicha.

El tercero reino y señorío fue la Maguana, tierra también admirable, sanísima y fértilísima, donde agora se hace la mejor azúcar de aquella isla. El rey dél se llamó Caonabó. Éste, en esfuerzo y estado, y gravedad, y cerimonias de su servicio, excedió a todos los otros. A éste prendieron con una gran sutileza y maldad, estando seguro en su casa. Metiéronlo después en un navío para traello a Castilla, y estando en el puerto seis navíos para se partir, quiso Dios mostrar ser aquélla con las otras grande iniquidad e injusticia y envió aquella noche una tormenta que hundió todos los navíos y ahogó todos los cristianos que en ellos estaban, donde murió el dicho Caonabó cargado de cadenas y grillos. Tenía este señor tres o cuatro hermanos muy varoniles y esforzados como él; vista la prisión tan injusta de su hermano y señor y las destruiciones y matanzas que los cristianos en los otros reinos hacían, especialmente desde que supieron que el rey su hermano era muerto, pusiéronse en armas para ir a cometer y vengarse de los cristianos: van los cristianos a ellos con ciertos de caballo (que es la más perniciosa arma que puede ser para entre indios) y hacen tantos estragos y matanzas que asolaron y despoblaron la mitad de todo aquel reino.

El cuarto reino es [el que se llamó de Xaraguá; éste era como el meollo o médula o como la corte de toda aquella isla; excedía en la lengua y habla ser más polida; en la policía y crianza más ordenada y compuesta; en la muchedumbre de la nobleza y generosidad, porque había muchos y en gran cantidad señores y nobles; y en la lindeza y hermosura de toda la gente, a todos los otros. El rey y señor dél se llamaba Behechio; tenía una hermana que se llamaba Anacaona. Estos dos hermanos hicieron grandes servicios a los reyes de Castilla e inmensos beneficios a los cristianos, librándolos de muchos peligros de muerte, y después de muerto el rey Behechio quedó en el reino por señora Anacaona. Aquí llegó una vez el gobernador que gobernaba esta isla[10] con sesenta de caballo y más trecientos peones, que los de caballo solos bastaban para asolar a toda la isla e la tierra firme, e llegáronse más de trecientos señores a su llamado seguros, de los cuales hizo meter dentro de una casa de paja muy grande los más señores por engaño, e metidos les mandó poner fuego y los quemaron vivos. A todos los otros alancearon e metieron a espada con infinita gente, e a la señora Anacaona, por hacelle honra, ahorcaron. Y acaescía algunos cristianos, o por piedad o por cudicia, tomar algunos niños para mamparallos no los matasen, e poníanlos a las ancas de los caballos: venía otro español por detrás e pasábalo con su lanza. Otrosí, estaba el niño en el suelo, le cortaban las piernas con el espada. Alguna gente que pudo huir desta tan inhumana crueldad, pasáronse a una isla pequeña que está cerca de allí ocho leguas en la mar, y el dicho gobernador condenó a todos estos que allí se pasaron que fuesen esclavos, porque huyeron de la carnicería.

El quinto reino se llamaba Higüey e señoreábalo una reina vieja que se llamó Higuanamá. A ésta ahorcaron; e fueron infinitas las gentes que yo vide quemar vivas y despedazar e atormentar por diversas y nuevas maneras de muertes e tormentos y hacer esclavos todos los que a vida tomaron. Y porque son tantas las particularidades que en estas matanzas e perdiciones de aquellas gentes ha habido, que en mucha escriptura no podrían caber (porque en verdad que creo que por mucho que dijese no pueda explicar de mil partes una), sólo quiero en lo de las guerras susodichas concluir con decir e afirmar que en Dios y en mi consciencia que tengo por cierto que para hacer todas las injusticias y maldades dichas e las otras que dejo e podría decir, no dieron más causa los indios ni tuvieron más culpa que podrían dar o tener un convento de buenos e concertados religiosos para roballos e matallos y los que de la muerte quedasen vivos, ponerlos en perpetuo captiverio e servidumbre de esclavos. Y más afirmo, que hasta que todas las muchedumbres de gentes de aquella isla fueron muertas e asoladas, que pueda yo creer y conjecturar, no cometieron contra los cristianos un solo pecado mortal que fuese punible por hombres; y los que solamente son reservados a Dios, como son los deseos de venganza, odio y rancor que podían tener aquellas gentes contra tan capitales enemigos como les fueron los cristianos, éstos creo que cayeron en muy pocas personas de los indios, y eran poco más impetuosos e rigurosos, por la mucha experiencia que dellos tengo, que de niños o muchachos de diez o doce años. Y sé por cierta e infalible sciencia que los indios tuvieron siempre justísima guerra contra los cristianos, e los cristianos una ni ninguna nunca tuvieron justa contra los indios, antes fueron todas diabólicas e injustísimas e mucho más que de ningún tirano se puede decir del mundo; e lo mismo afirmo de cuantas han hecho en todas las Indias. Después de acabadas las guerras e muertes en ellas, todos los hombres, quedando comúnmente los mancebos e mujeres y niños, repartiéronlos entre sí, dando a uno treinta, a otro cuarenta, a otro ciento y docientos (según la gracia que cada uno alcanzaba con el tirano mayor, que decían gobernador). Y así repartidos a cada cristiano dábanselos con esta color: que los enseñase en las cosas de la fee católica, siendo comúnmente todos ellos idiotas y hombres crueles, avarísimos e viciosos, haciéndolos curas de ánimas. Y la cura o cuidado que dellos tuvieron fue enviar los hombres a las minas a sacar oro, que es trabajo intolerable, e las mujeres ponían en las estancias, que son granjas, a cavar las labranzas y cultivar la tierra, trabajo para hombres muy fuertes y recios. No daban a los unos ni a las otras de comer sino yerbas y cosas que no tenían sustancia; secábaseles la leche de las tetas a las mujeres paridas, e así murieron en breve todas las criaturas. Y por estar los maridos apartados, que nunca vían a las mujeres, cesó entre ellos la generación; murieron ellos en las minas, de trabajos y hambre, y ellas en las estancias o granjas, de lo mesmo, e así se acabaron tantas e tales multitúdines de gentes de aquella isla; e así se pudiera haber acabado todas las del mundo. Decir las cargas que les echaban de tres y cuatro arrobas, e los llevaban ciento y docientas leguas (y los mesmos cristianos se hacían llevar en hamacas, que son como redes, acuestas de los indios), porque siempre usaron dellos como de bestias para cargas. Tenían mataduras en los hombros y espaldas, de las cargas, como muy matadas bestias; decir así mesmo los azotes, palos, bofetadas, puñadas, maldiciones e otros mil géneros de tormentos que en los trabajos les daban, en verdad que en mucho tiempo ni papel no se pudiese decir e que fuese para espantar los hombres. Y es de notar que la perdición destas islas y tierras se comenzaron a perder y destruir desde que allá se supo la muerte de la serenísima reina doña Isabel, que fue el año de mil e quinientos e cuatro, porque hasta entonces sólo en esta isla se habían destruido algunas provincias por guerras injustas, pero no del todo, y éstas por la mayor parte y cuasi todas se le encubrieron a la Reina. Porque la Reina,[11] que haya santa gloria, tenía grandísimo cuidado e admirable celo a la salvación y prosperidad de aquellas gentes, como sabemos los que lo vimos y palpamos con nuestos ojos e manos los ejemplos desto.

Débese de notar otra regla en esto: que en todas las partes de las Indias donde han ido y pasado cristianos, siempre hicieron en los indios todas las crueldades susodichas, e matanzas, e tiranías, e opresiones abominables en aquellas inocentes gentes; e añadían muchas más e mayores y más nuevas maneras de tormentos, e más crueles siempre fueron porque los dejaba Dios más de golpe caer y derrocarse en reprobado juicio o sentimiento.

DE LAS DOS ISLAS DE SANT JUAN Y JAMAICA

Pasaron a la isla de Sant Juan y a la de Jamaica (que eran unas huertas y unas colmenas) el año de mil e quinientos y nueve los españoles,[12] con el fin e propósito que fueron a La Española. Los cuales hicieron e cometieron los grandes insultos e pecados susodichos, y añidieron muchas señaladas e grandísimas crueldades más, matando y quemando y asando y echando a perros bravos, e después oprimiendo y atormentando y vejando en las minas y en los otros trabajos, hasta consumir y acabar todos aquellos infelices innocentes: que había en las dichas dos islas más de seiscientas mil ánimas, y creo que más de un cuento, e no hay hoy en cada una docientas personas, todas perecidas sin fee e sin sacramentos.

DE LA ISLA DE CUBA

El año de mil e quinientos y once pasaron a la isla de Cuba,[13] que es como dije tan luenga como de Valladolid a Roma (donde había grandes provincias de gentes), comenzaron y acabaron de las maneras susodichas e mucho más y más cruelmente. Aquí acaescieron cosas muy señaladas. Un cacique e señor muy principal, que por nombre tenía Hatuey, que se había pasado de la isla Española a Cuba con mucha de su gente por huir de las calamidades e inhumanas obras de los cristianos, y estando en aquella isla de Cuba, e dándole nuevas ciertos indios, que pasaban a ella los cristianos, ayuntó mucha o toda su gente e díjoles: ((Ya sabéis cómo se dice que los cristianos pasan acá, e tenéis experiencia cuáles han parado a los señores fulano y fulano y fulano; e aquellas gentes de Haití (que es La Española) lo mesmo vienen a hacer acá. ¿Sabéis quizá por qué lo hacen? ((Dijeron: ((No; sino porque son de su natura crueles e malos.)) Dice él: ((No lo hacen por sólo eso, sino porque tienen un dios a quien ellos adoran e quieren mucho y por habello de nosotros para lo adorar, nos trabajan de sojuzgar e nos matan.)) Tenía cabe sí una cestilla llena de oro en joyas e dijo: ((Veis aquí el dios de los cristianos; hagámosle si os parece areitos (que son bailes y danzas) e quizá le agradaremos y les mandará que no nos hagan mal.)) Dijeron todos a voces: ((¡Bien es, bien es!)) Bailáronle delante hasta que todos se cansaron. Y después dice el señor Hatuey: ((Mira, como quiera que sea, si lo guardamos, para sacárnoslo, al fin nos han de matar; echémoslo en este río.)) Todos votaron que así se hiciese, e así lo echaron en un río grande que allí estaba.

Este cacique y señor anduvo siempre huyendo de los cristianos desde que llegaron a aquella isla de Cuba, como quien los conoscía, e defendíase cuando los topaba, y al fin lo prendieron. Y sólo porque huía de gente tan inicua e cruel y se defendía de quien lo quería matar e oprimir hasta la muerte a sí e a toda su gente y generación, lo hubieron vivo de quemar. Atado a un palo decíale un religioso de Sant Francisco, sancto varón que allí estaba, algunas cosas de Dios y de nuestra fee (el cual nunca las había jamás oído), lo que podía bastar aquel poquillo tiempo que los verdugos le daban, y que si quería creer aquello que le decía que iría al cielo, donde había gloria y eterno descanso, e si no, que había de ir al infierno a padecer perpetuos tormentos y penas. Él, pensando un poco, preguntó al religioso si iban cristianos al cielo. El religioso le respondió que sí; pero que iban los que eran buenos. Dijo luego el cacique, sin más pensar, que no quería él ir allá, sino al infierno, por no estar donde estuviesen y por no ver tan cruel gente. Ésta es la fama y honra que Dios e nuestra fee ha ganado con los cristianos que han ido a las Indias.[14]

Una vez, saliéndonos a recebir con mantenimientos y regalos diez leguas de un gran pueblo, y llegados allá, nos dieron gran cantidad de pescado y pan y comida con todo lo que más pudieron; súbitamente se les revistió el diablo a los cristianos e meten a cuchillo en mi presencia (sin motivo ni causa que tuviesen) más de tres mil ánimas que estaban sentados delante de nosotros, hombres y mujeres e niños.[15] Allí vide tan grandes crueldades que nunca los vivos tal vieron ni pensaron ver.

Otra vez, desde a pocos días, envié yo mensajeros, asegurando que no temiesen, a todos los señores de la provincia de La Habana, porque tenían por oídas de mí crédito, que no se ausentasen, sino que nos saliesen a recebir, que no se les haría mal ninguno (porque de las matanzas pasadas estaba toda la tierra asombrada), y esto hice con parecer del capitán; e llegados a la provincia saliéronnos a recebir veinte e un señores y caciques, e luego los prendió el capitán, quebrantando el seguro que yo les había dado, e los quería quemar vivos otro día diciendo que era bien, porque aquellos señores algún tiempo habían de hacer algún mal. Vídeme en muy gran trabajo quitallos de la hoguera, pero al fin se escaparon.

Después de que todos los indios de la tierra desta isla fueron puestos en la servidumbre e calamidad de los de La Española, viéndose morir y perecer sin remedio, todos comenzaron unos a huir a los montes; otros, a ahorcarse de desesperados, y ahorcábanse maridos e mujeres, e consigo ahorcaban los hijos; y por las crueldades de un español muy tirano (que yo conocí) se ahorcaron más de docientos indios. Pereció desta manera infinita gente.

Oficial del rey hobo en esta isla que le dieron de repartimiento trecientos indios e a cabo de tres meses había muerto en los trabajos de las minas los docientos e setenta, que no le quedaron de todos sino treinta, que fue el diezmo. Después le dieron otros tantos y más, e también los mató, e dábanle más y más mataba, hasta que se murió y el diablo le llevó el alma.

En tres o cuatro meses, estando yo presente, murieron de hambre, por llevalles los padres y las madres a las minas, más de siete mil niños. Otras cosas vide espantables.

Después acordaron de ir a montear los indios que estaban por los montes, donde hicieron estragos admirables, e así asolaron e despoblaron toda aquella isla, la cual vimos agora poco ha y es una gran lástima e compasión verla yermada y hecha toda una soledad.

DE LA TIERRA FIRME

El año de mil e quinientos e catorce pasó a la tierra firme un infelice gobernador, [16] crudelísimo tirano, sin alguna piedad ni aun prudencia, como un instrumento

17

del furor divino, muy de propósito para poblar en aquella tierra con mucha gente de españoles. Y aunque algunos tiranos habían ido a la tierra firme e habían robado y matado y escandalizado mucha gente, pero había sido a la costa de la mar, salteando y robando lo que podían; mas éste excedió a todos los otros que antes dél habían ido, y a los de todas las islas, e sus hechos nefarios[17] a todas las abominaciones pasadas, no sólo a la costa de la mar, pero grandes tierras y reinos despobló y mató, echando immensas gentes que en ellos había a los infiernos. Éste despobló desde muchas leguas arriba del Darién hasta el reino e provincias de Nicaragua, inclusive, que son más de quinientas leguas y la mejor y más felice e poblada tierra que se cree haber en el mundo. Donde había muy muchos grandes señores, infinitas y grandes poblaciones, grandísimas riquezas de oro; porque hasta aquel tiempo en ninguna parte había parecido sobre la tierra tanto; porque aunque de la isla Española se había henchido casi España de oro, e de más fino oro, pero había sido sacado con los indios de las entrañas de la tierra, de las minas dichas, donde, como se dijo, murieron.

Este gobernador e su gente inventó nuevas maneras de crueldades y de dar tormentos a los indios, porque descubriesen y les diesen oro. Capitán hubo suyo que en una entrada que hizo por mandado dél para robar y extirpar gentes, mató sobre cuarenta mil ánimas, que vido por sus ojos un religioso de Sant Francisco, que con él iba, que se llamaba fray Francisco de Sant Román, metiéndolos a espada, quemándolos vivos, y echándolos a perros bravos, y atormentándolos con diversos tormentos.

Y porque la ceguedad perniciosísima que siempre han tenido hasta hoy los que han regido las Indias en disponer y ordenar la conversión y salvación de aquellas gentes, la cual siempre han pospuesto (con verdad se dice esto) en la obra y efecto, puesto que por palabra hayan mostrado y colorado o disimulado otra cosa, ha llegado a tanta profundidad que hayan imaginado e practicado e mandado que se les hagan a los indios requerimientos que vengan a la fee e a dar la obediencia a los reyes de Castilla, si no, que les harán guerra a fuego y a sangre, e los matarán e captivarán, etc. Como si el hijo de Dios, que murió por cada uno dellos, hobiera en su ley mandado cuando dijo: Euntes docete omnes gentes,[18] que se hiciesen requerimientos a los infieles pacíficos e quietos e que tienen sus tierras propias, e si no la recibiesen luego, sin otra predicación y doctrina, e si no se diesen a sí mesmos al señorío del rey que nunca oyeron ni vieron, especialmente cuya gente y mensajeros son tan crueles, tan despiadados e tan horribles tiranos, perdiesen por el mesmo caso la hacienda y las tierras, la libertad, las mujeres y hijos con todas sus vidas, que es cosa absurda y estulta e digna de todo vituperio y escarnio e infierno.

Así que, como llevase aquel triste e malaventurado gobernador instrucción que hiciese los dichos requerimientos, para más justificallos, siendo ellos de sí mesmos absurdos, irracionables e injustísimos, mandaba, o los ladrones que enviaba lo hacían cuando acordaban de ir a saltear e robar algún pueblo de que tenían noticia tener oro, estando los indios en sus pueblos e casas seguros, íbanse de noche los tristes españoles salteadores hasta media legua del pueblo, e allí aquella noche entre sí mesmos apregonaban o leían el dicho requerimiento, diciendo: «Caciques e indios desta tierra firme de tal pueblo, hacemos os saber que hay un Dios y un Papa y un rey de Castilla que es señor de estas tierras; venid luego a le dar la obediencia, etc. Y si no, sabed que os haremos guerra, e mataremos, e captivaremos, etc.» Y al cuarto del alba, estando los innocentes durmiendo con sus mujeres e hijos, daban en el pueblo, poniendo fuego a las casas, que comúnmente eran de paja, e quemaban vivos los niños e mujeres y muchos de los demás, antes que acordasen; mataban los que querían, e los que tomaban a vida mataban a tormentos porque dijesen de otros pueblos de oro, o de más oro de lo que allí hallaban, e los que restaban herrábanlos por esclavos; iban después, acabado o apagado el fuego, a buscar el oro que había en las casas. Desta manera y en estas obras se ocupó aquel hombre perdido, con todos los malos cristianos que llevó, desde el año de catorce hasta el año de veinte y uno o veinte y dos, enviando en aquellas entradas cinco e seis y más criados, por los cuales le daban tantas partes (allende de la que le cabía por capitán general) de todo el oro y perlas e joyas que robaban e de los esclavos que hacían. Lo mesmo hacían los oficiales del rey, enviando cada uno los más mozos o criados que podía, y el obispo primero de aquel reino enviaba también sus criados, por tener su parte en aquella granjería. Más oro robaron en aquel tiempo de aquel reino (a lo que yo puedo juzgar), de un millón de castellanos, y creo que me acorto, e no se hallará que enviaron al rey sino tres mil castellanos de todo aquello robado; y más gentes destruyeron de ochocientas mil ánimas. Los otros tiranos gobernadores que allí sucedieron hasta el año de treinta y tres, mataron e consintieron matar, con la tiránica servidumbre que a las guerras sucedió, los que restaban.

Entre infinitas maldades que éste hizo e consintió hacer el tiempo que gobernó fue que, dándole un cacique o señor, de su voluntad o por miedo (como más es verdad), nueve mil castellanos, no contentos con esto prendieron al dicho señor e átanlo a un palo sentado en el suelo, y estendidos los pies pónenle fuego a ellos porque diese más oro, y él envió a su casa e trajeron otros tres mil castellanos; tórnanle a dar tormentos, y él, no dando más oro porque no lo tenía, o porque no lo quería dar, tuviéronle de aquella manera hasta que los tuétanos le salieron por las plantas e así murió. Y déstos fueron infinitas veces las que a señores mataron y atormentaron por sacalles oro.

Otra vez, yendo a saltear cierta capitanía de españoles, llegaron a un monte donde estaba recogida y escondida, por huir de tan pestilenciales e horribles obras de los cristianos, mucha gente, y dando de súbito sobre ella tomaron setenta o ochenta doncellas e mujeres, muertos muchos que pudieron matar. Otro día juntáronse muchos indios e iban tras los cristianos peleando por el ansia de sus mujeres e hijas; e viéndose los cristianos apretados, no quisieron soltar la cabalgada, sino meten las espadas por las barrigas de las muchachas e mujeres y no dejaron, de todas ochenta, una viva. Los indios, que se les rasgaban las entrañas de dolor, daban gritos e decían: «¡Oh, malos hombres, crueles cristianos! ¿A las iras matáis?» Ira llaman en aquella tierra a las mujeres, cuasi diciendo: matar las mujeres señal es de abominables e crueles hombres bestiales.

A diez o quince leguas de Panamá estaba un gran señor que se llamaba Paris, e muy rico de oro; fueron allá los cristianos e rescibiólos como si fueran hermanos suyos e presentó al capitán cincuenta mil castellanos de su voluntad. El capitán y los cristianos parescióles que quien daba aquella cantidad de su gracia que debía tener mucho tesoro (que era el fin e consuelo de sus trabajos); disimularon e dicen que se quieren partir; e tornan al cuarto del alba e dan sobre seguro en el pueblo, quémanlo con fuego que pusieron en marcha, mataron y quemaron mucha gente, e robaron cincuenta o sesenta mil castellanos otros; y el cacique o señor escapóse, que no le mataron o prendieron. Juntó presto la más gente que pudo e a cabo de dos o tres días alcanzó los cristianos que llevaban sus ciento y treinta o cuarenta mil castellanos, e da en ellos varonilmente, e mata cincuenta cristianos, e tómales todo el oro, escapándose los otros huyendo e bien heridos. Después tornan muchos cristianos sobre el dicho cacique y asoláronlo a él y a infinita de su gente, e los demás pusieron e mataron en la ordinaria servidumbre. Por manera que no hay hoy vestigio ni señal de que haya habido allí pueblo ni hombre nacido, teniendo treinta leguas llenas de gente de señorío. Déstas no tienen cuento las matanzas y perdiciones que aquel mísero hombre con su compañía en aquellos reinos (que despobló) hizo.

DE LA PROVINCIA DE NICARAGUA

El año de mil e quinientos y veinte y dos o veinte y tres pasó este tirano a sojuzgar la felicísima provincia de Nicaragua, el cual entró en ella en triste hora. Desta provincia ¿quién podrá encarescer la felicidad, sanidad, amenidad y prosperidad e frecuencia y población de gente suya? Era cosa verdaderamente de admiración ver cuán poblada de pueblos, que cuasi duraban tres y cuatro leguas en luengo, llenos de admirables frutales que causaba ser inmensa la gente. A estas gentes (porque era la tierra llana y rasa, que no podían asconderse en los montes, y deleitosa, que con mucha angustia e dificultad osaban dejarla, por lo cual sufrían e sufrieron grandes persecuciones, y cuanto les era posible toleraban las tiranías y servidumbre de los cristianos, e porque de su natura era gente muy mansa e pacífica) hízoles aquel tirano, con sus tiranos compañeros que fueron con él (todos los que a todo el otro reino le habían ayudado a destruir), tantos daños, tantas matanzas, tantas crueldades, tantos captiverios e sinjusticias que no podría lengua humana decirlo. Enviaba cincuenta de caballo e hacía alancear toda una provincia mayor que el condado de Rusellón, que no dejaba hombre, ni mujer, ni viejo, ni niño a vida, por muy liviana cosa; así como porque no venían tan presto a su llamada o no le traían tantas cargas de maíz, que es el trigo de allá, o tantos indios para que sirviesen a él o a otro de los de su compañía; porque como era la tierra llana no podía huir de los caballos ninguno, ni de su ira infernal.

Enviaba españoles a hacer entradas, que es ir a saltear indios a otras provincias, e dejaba llevar a los salteadores cuantos indios querían de los pueblos pacíficos e que les servían. Los cuales echaban en cadenas porque no les dejasen las cargas de tres arrobas que les echaban a cuestas. Y acaesció vez, de muchas que esto hizo, que de cuatro mil indios no volvieron seis vivos a sus casas, que todos los dejaban muert__ por los caminos. E cuando algunos cansaban y se despeaban de __ as y enfermaban de hambre e trabajo y flaqueza, por no __ las cadenas les cortaban por la collera la cabeza e caía la cabeza __ erpo a otro. Véase qué sentirían los otros. E así, cuando se __ antes romerías, como tenían experiencia los indios de que __ ando salían iban llorando e sospirando los indios y diciendo: __ aminos por donde íbamos a servir a los cristianos, y aunque __ o, en fin volvíamos a cabo de algún tiempo a nuestras casas e __ hijos; pero agora vamos sin esperanza de nunca jamás volver __ verlos ni de tener más vida.»

Una vez, porque quiso hacer nuevo repartimiento de los indios, porque se le antojó (e aun dicen que por quitar los indios a quien no quería bien e dallos a quien le parescía) fue causa que los indios no sembrasen una sementera, e como no hubo para los cristianos, tomaron a los indios cuanto maíz tenían para mantener a sí e a sus hijos, por lo cual murieron de hambre más de veinte o treinta mil ánimas e acaesció mujer matar su hijo para comello de hambre.

Como los pueblos que tenían eran todos una muy graciosa huerta cada uno, como se dijo, aposentáronse en ellos los cristianos, cada uno en el pueblo que le repartían (o, como dicen ellos, le encomendaban), y hacía en él sus labranzas, manteniéndose de las comidas pobres de los indios, e así les tomaron sus particulares tierras y heredades de que se mantenían. Por manera que tenían los españoles dentro de sus mesmas casas todos los indios señores viejos, mujeres e niños, e a todos hacen que les sirvan noches y días, sin holganza; hasta los niños, cuan presto pueden tenerse en los pies, los ocupaban en lo que cada uno puede hacer e más de lo que puede, y así los han consumido e consumen hoy los pocos que han restado, no teniendo ni dejándoles tener casa ni cosa propia; en lo cual aun exceden a las injusticias en este género que en La Española se hacían.

Han fatigado, e opreso, e sido causa de su acelerada muerte de muchas gentes en esta provincia, haciéndoles llevar la tablazón e madera, de treinta leguas al puerto, para hacer navíos, y enviallos a buscar miel y cera por los montes, donde los comen los tigres: y han cargado e cargan hoy las mujeres preñadas y paridas como a bestias.

La pestilencia más horrible que principalmente ha asolado aquella provincia, ha sido la licencia que aquel gobernador dio a los españoles para pedir esclavos a los caciques y señores de los pueblos. Pedía cada cuatro o cinco meses, o cada vez que cada uno alcanzaba la gracia o licencia del dicho gobernador, al cacique, cincuenta esclavos, con amenazas que si no los daban lo habían de quemar vivo o echar a los perros bravos. Como los indios comúnmente no tienen esclavos, cuando mucho un cacique tiene dos, o tres, o cuatro, iban los señores por su pueblo e tomaban lo primero todos los huérfanos, e después pedía a quien tenía dos hijos uno, e a quien tres, dos; e desta manera cumplía el cacique el número que el tirano le pedía, con grandes alaridos y llantos del pueblo, porque son las gentes que más parece que aman a sus hijos. Como esto se hacía tantas veces, asolaron desde el año de veinte y tres hasta el año de treinta y tres todo aquel reino, porque anduvieron seis o siete años cinco o seis navíos al tracto, llevando todas aquellas muchedumbres de indios a vender por esclavos a Panamá e al Perú, donde todos son muertos, porque es averiguado y experimentado millares de veces que, sacando los indios de sus tierras naturales, luego mueren más fácilmente. Porque siempre no les dan de comer e no les quitan nada de los trabajos, como no los vendan ni los otros los compren sino para trabajar. Desta manera han sacado de aquella provincia indios hechos esclavos, siendo tan libres

22

como yo, más de quinientas mil ánimas. Por las guerras infernales que los españoles les han hecho e por el captiverio horrible en que los pusieron, más han muerto de otras quinientas y seiscientas mil personas hasta hoy, e hoy los matan. En obra de catorce años todos estos estragos se han hecho. Habrá hoy en toda la dicha provincia de Nicaragua obra de cuatro o cinco mil personas, las cuales matan cada día con los servicios y opresiones cotidianas e personales, siendo (como se dijo) una de las más pobladas del mundo.

DE LA NUEVA ESPAÑA

En el año de mil e quinientos y diez y siete se descubrió la Nueva España,[19] y en el descubrimiento se hicieron grandes escándalos en los indios e algunas muertes por los que la descubrieron. En el año de mil e quinientos e diez y ocho la fueron a robar e a matar los que se llaman cristianos, aunque ellos dicen que van a poblar. Y desde este año de diez y ocho hasta el día de hoy, que estamos en el año de mil e quinientos y cuarenta e dos, ha rebosado y llegado a su colmo toda la iniquidad, toda la injusticia, toda la violencia e tiranía que los cristianos han hecho en las Indias, porque del todo han perdido todo temor a Dios y al rey e se han olvidado de sí mesmos. Porque son tantos y tales los estragos e crueldades, matanzas e destruiciones, despoblaciones, robos, violencias e tiranías, y en tantos y tales reinos de la gran tierra firme, que todas las cosas que hemos dicho son nada en comparación de las que se hicieron; pero aunque las dijéramos todas, que son infinitas las que dejamos de decir, no son comparables ni en número ni en gravedad a las que desde el dicho año de mil e quinientos e diez y ocho se han hecho y perpetrado hasta este día y año de mil e quinientos y cuarenta y dos, e hoy, en este día del mes de septiembre, se hacen e cometen las más graves e abominables. Porque sea verdad la regla que arriba pusimos, que siempre desde el principio han ido cresciendo en mayores desafueros y obras infernales.

Así que, desde la entrada de la Nueva España, que fue a diez y ocho de abril del dicho año de diez y ocho, hasta el año de treinta, que fueron doce años enteros, duraron las matanzas y estragos que las sangrientas e crueles manos y espadas de los españoles hicieron continuamente en cuatrocientas e cincuenta leguas en torno cuasi de la ciudad de México e a su alrededor, donde cabían cuatro y cinco grandes reinos, tan grandes e harto más felices que España. Estas tierras todas eran las más pobladas e llenas de gentes que Toledo e Sevilla, y Valladolid, y Zaragoza juntamente con Barcelona, porque no hay ni hubo jamás tanta población en estas ciudades, cuando más pobladas estuvieron, que Dios puso e que había en todas las dichas leguas, que para andallas en torno se hayan de

23

andar más de mil e ochocientas leguas. Más han muerto los españoles dentro de los doce años dichos en las dichas cuatrocientas y cincuenta leguas, a cuchillo, y a lanzadas, y quemándolos vivos, mujeres e niños, y mozos, y viejos, de cuatro cuentos de ánimas, mientras que duraron (como dicho es) lo que ellos llaman conquistas, siendo invasiones violentas de crueles tiranos, condenadas no sólo por la ley de Dios, pero por todas las leyes humanas, como lo son e muy peores que las que hace el turco para destruir la Iglesia cristiana. Y esto sin los que han muerto e matan cada día en la susodicha tiránica servidumbre, vejaciones y opresiones cotidianas.

Particularmente, no podrá bastar lengua ni noticia e industria humana a referir los hechos espantables que en distintas partes, e juntos en un tiempo en unas, e varios en varias, por aquellos hostes[20] públicos y capitales enemigos del linaje humano, se han hecho dentro de aquel dicho circuito, e aun algunos hechos según las circunstancias e calidades que los agravian, en verdad que cumplidamente apeñas con mucha diligencia e tiempo y escriptura no se pueda explicar. Pero alguna cosa de algunas partes diré con protestación e juramento de que no pienso que explicaré una de mil partes.

DE LA NUEVA ESPAÑA

Entre otras matanzas hicieron ésta en una ciudad grande, de más de treinta mil vecinos, que se llama Cholula: que saliendo a recebir todos los señores de la tierra e comarca, e primero todos los sacerdotes con el sacerdote mayor a los cristianos en procesión y con grande acatamiento e reverencia, y llevándolos en medio a aposentar a la ciudad, y a las casas de aposentos del señor o señores della principales, acordaron los españoles de hacer allí una matanza o castigo (como ellos dicen) para poner y sembrar su temor e braveza en todos los rincones de aquellas tierras. Porque siempre fue ésta su determinación en todas las tierras que los españoles han entrado, conviene a saber: hacer una cruel e señalada matanza porque tiemblen dellos aquellas ovejas mansas.

Así que enviaron para esto primero a llamar todos los señores e nobles de la ciudad e de todos los lugares a ella subjectos, con el señor principal, e así como venían y entraban a hablar al capitán de los españoles, luego eran presos sin que nadie los sintiese, que pudiese llevar las nuevas. Habíanles pedido cinco o seis mil indios que les llevasen las cargas; vinieron todos luego e métenlos en el patio de las casas. Ver a estos indios cuando se aparejan para llevar las cargas de los españoles es haber dellos una gran compasión y lástima, porque vienen desnudos, en cueros, solamente cubiertas sus vergüenzas e con unas redecillas

24

en el hombro con su pobre comida: pónense todos en cuclillas, como unos corderos muy mansos. Todos ayuntados e juntos en el patio con otras gentes que a vueltas estaban, pónense a las puertas del patio españoles armados que guardasen y todos los demás echan mano a sus espadas y meten a espada y a lanzadas todas aquellas ovejas, que uno ni ninguno pudo escaparse que no fuese trucidado.[21] A cabo de dos o tres días saltan muchos indios vivos, llenos de sangre, que se habían escondido e amparado debajo de los muertos (como eran tantos): iban llorando ante los españoles pidiendo misericordia, que no los matasen. De los cuales ninguna misericordia ni compasión hubieron, antes así como salían los hacían pedazos.

A todos los señores, que eran más de ciento y que tenían atados, mandó el capitán quemar e sacar vivos en palos hincados en la tierra. Pero un señor, e quizá era el principal y rey de aquella tierra, pudo soltarse e recogióse con otros veinte o treinta o cuarenta hombres al templo grande que allí tenían, el cual era como fortaleza que llamaban Cuu, e allí se defendió gran rato del día. Pero los españoles, a quien no se les ampara nada, mayormente en estas gentes desarmadas, pusieron fuego al templo e allí los quemaron dando voces: «¡Oh, malos hombres! ¿Qué os hemos hecho?, ¿por qué nos matáis? ¡Andad, que a México iréis, donde nuestro universal señor Motenzuma de vosotros nos hará venganza!» Dícese que estando metiendo a espada los cinco o seis mil hombres en el patio, estaba cantando el capitán de los españoles:

«Mira Nero de Tarpeya a Roma cómo se ardía; gritos dan niños y viejos, y él de nada se dolía.»

Otra gran matanza hicieron en la ciudad de Tepeaca, que era mucho mayor e de más vecinos y gente que la dicha, donde mataron a espada infinita gente, con grandes particularidades de crueldad.

De Cholula caminaron hacia México, y enviándoles el gran rey Motenzuma millares de presentes, e señores y gentes, e fiestas al camino, e a la entrada de la calzada de México, que es a dos leguas, envióles a su mesmo hermano acompañado de muchos grandes señores e grandes presentes de oro y plata e ropas: y a la entrada de la ciudad, saliendo él mesmo en persona en unas andas de oro con toda su gran corte a recebirlos, y acompañándolos hasta los palacios en que los había mandado aposentar, aquel mismo día, según me dijeron algunos de los que allí se hallaron, con cierta disimulación, estando seguro, prendieron al gran rey Motenzuma y pusieron ochenta hombres que le guardasen, e después echáronlo en grillos.

Pero dejado todo esto, en que había grandes e muchas cosas que contar, sólo quiero decir una señalada que allí aquellos tiranos hicieron. Yéndose el capitán de los españoles al puerto de la mar a prender a otro cierto capitán que venía contra él,[22 y dejado cierto capitán,[23 creo que con ciento pocos más hombres que guardasen al rey Motenzuma, acordaron aquellos españoles de cometer otra cosa señalada, para acrecentar su miedo en toda la tierra; industria (como dije) de que muchas veces han usado. Los indios y gente e señores de toda la ciudad y corte de Motenzuma no se ocupaban en otra cosa sino en dar placer a su señor preso. Y entre otras fiestas que le hacían era en las tardes hacer por todos los barrios e plazas de la ciudad los bailes y danzas que acostumbran y que llaman ellos mitotes, como en las islas llaman areitos, donde sacan todas sus galas e riquezas, y con ellas se emplean todos, porque es la principal manera de regocijo y fiestas; y los más nobles y caballeros de sangre real, según sus grados, hacían sus bailes e fiestas más cercanas a las casas donde estaba preso su señor. En la más propincua parte a los dichos palacios estaban sobre dos mil hijos de señores, que era toda la flor y nata de la nobleza de todo el imperio de Motenzuma. A éstos fue el capitán de los españoles con una cuadrilla dellos, y envió otras cuadrillas a todas las otras partes de la ciudad donde hacían las dichas fiestas, disimulados como que iban a verlas, e mandó que a cierta hora, todos diesen en ellos. Fue él, y estando embebidos y seguros en sus bailes, dicen «¡Santiago y a ellos!», e comienzan con las espadas desnudas a abrir aquellos cuerpos desnudos y delicados e a derramar aquella generosa sangre, que uno no dejaron a vida; lo mesmo hicieron los otros en las otras plazas.

Fue una cosa ésta que a todos aquellos reinos y gentes puso en pasmo y angustia y luto, e hinchó de amargura y dolor, y de aquí a que se acabe el mundo, o ellos del todo se acaben, no dejarán de lamentar y cantar en sus areitos y bailes, como en romances (que acá decimos), aquella calamidad e pérdida de la sucesión de toda su nobleza, de que se preciaban de tantos años atrás.[24]

Vista por los indios cosa tan injusta e crueldad tan nunca vista, en tantos inocentes sin culpa perpetrada, los que habían sufrido con tolerancia la prisión no menos injusta de su universal señor, porque él mesmo se lo mandaba que no acometiesen ni guerreasen a los cristianos, entonces pónense en armas toda la ciudad y vienen sobre ellos, y heridos muchos de los españoles apenas se pudieron escapar. Ponen un puñal a los pechos al preso Motenzuma que se pusiese a los corredores y mandase que los indios no combatiesen la casa, sino que se pusiesen en paz. Ellos no curaron entonces en obedecelle en nada, antes platicaban de elegir otro señor y capitán que guiase sus batallas; y porque ya volvía el capitán, que había ido al puerto, con victoria, y traía muchos más cristianos y venía cerca, cesaron el combate obra de tres o cuatro días, hasta que entró en la ciudad. Él entrado, ayuntada infinita gente de toda la tierra, combaten a todos juntos de tal manera y tantos días, que temiendo todos morir acordaron una noche salir de la ciudad.[25] Sabido por los indios mataron gran cantidad de cristianos en las puentes de la laguna, con justísima y sancta guerra, por las causas justísimas que tuvieron, como dicho es. Las cuales, cualquiera que fuere hombre razonable y justo, las justificara. Suscedió después el combate de la ciudad, reformados los cristianos, donde hicieron estragos en los indios admirables y extraños, matando infinitas gentes y quemando vivos muchos y grandes señores.

Después de las tiranías grandísimas y abominables que éstos hicieron en la ciudad de México y en las ciudades y tierra mucha (que por aquellos alderredores diez y quince y veinte leguas de México, donde fueron muertas infinitas gentes), pasó adelante esta su tiránica pestilencia y fue a cundir e inficionar y asolar a la provincia de Panuco, que era una cosa admirable la multitud de las gentes que tenía y los estragos y matanzas que allí hicieron. Después destruyeron por la mesma manera la provincia de Tututepeque, y después la provincia de Ipilcingo, y después la de Colima, que cada una es más tierra que el reino de León y que el de Castilla. Contar los estragos y muertes y crueldades que en cada una hicieron sería sin duda cosa dificilísima e imposible de decir, e trabajosa de escuchar.

Es aquí de notar que el título con que entraban e por el cual comenzaban a destruir todos aquellos innocentes y despoblar aquellas tierras que tanta alegría y gozo debieran de causar a los que fueran verdaderos cristianos, con su tan grande e infinita población, era decir que viniesen a subjectarse e obedecer al rey de España, donde no, que los habían de matar e hacer esclavos. Y los que no venían tan presto a cumplir tan irracionables y estultos mensajes e a ponerse en las manos de tan inicuos e crueles y bestiales hombres, llamábanles rebeldes y alzados contra el servicio de Su Majestad. Y así lo escrebían acá al rey nuestro señor; e la ceguedad de los que regían las Indias no alcanzaba ni entendía aquello que en sus leyes está expreso e más claro que otro de sus primeros principios, conviene a saber: que ninguno es ni puede ser llamado rebelde si primero no es subdito.

Considérese por los cristianos y que saben algo de Dios e de razón, e aun de las leyes humanas, qué tales pueden parar los corazones de cualquiera gente que vive en sus tierras segura e no sabe que deba nada a nadie, e que tiene sus naturales señores, las nuevas que les dijesen así de súpito: daos a obedescer a un rey extraño, que nunca vistes ni oístes, e si no, sabed que luego os hemos de hacer pedazos; especialmente viendo por experiencia que así luego lo hacen. Y lo que más espantable es, que a los que de hecho obedecen ponen en aspérrima servidumbre, donde con increíbles trabajos e tormentos, más largos y que duran más que los que les dan metiéndolos a espada, al cabo cabo perecen ellos e sus mujeres y hijos e toda su generación. E ya que con los dichos temores y amenazas aquellas gentes o otras cualesquiera en el mundo vengan a obedecer e reconoscer el señorío de rey extraño, no veen los ciegos e turbados de ambición e diabólica cudicia que no por eso adquieren una punta de derecho como verdaderamente sean temores y miedos, aquellos cadentes inconstantísimos viros, que de derecho natural e humano y divino es todo aire cuanto se hace para que valga, si no es el reatu[26] e obligación que les queda a los fuegos infernales, e aun a las ofensas y daños que hacen a los reyes de Castilla destruyéndoles aquellos sus reinos e anichilándole (en cuanto en ellos es) todo el derecho que tienen a todas las Indias; y éstos son e no otros los servicios que los españoles han hecho a los dichos señores reyes en aquellas tierras, e hoy hacen.

Con este tan justo y aprobado título envió aqueste capitán tirano otros dos tiranos capitanes muy más crueles e feroces, peores e de menos piedad e misericordia que él, a los grandes y florentísimos e felicísimos reinos, de gentes plenísimamente llenos e poblados, conviene a saber, el reino de Guatimala, que está a la mar del Sur, y el otro de Naco y Honduras o Guaimura, que está a la mar del Norte, frontero el uno del otro e que confinaban e partían términos ambos a dos, trecientas leguas de México. El uno despachó por la tierra y el otro en navíos por la mar, con mucha gente de caballo y de pie cada uno.[27]

Digo verdad que de lo que ambos hicieron en mal, y señaladamente del que fue al reino de Guatimala, porque el otro presto mala muerte murió, que podría expresar e collegir tantas maldades, tantos estragos, tantas muertes, tantas despoblaciones, tantas y tan fieras injusticias que espantasen los siglos presentes y venideros e hinchese dellas un gran libro. Porque éste excedió a todos los pasados y presentes, así en la cantidad e número de las abominaciones que hizo, como de las gentes que destruyó e tierras que hizo desiertas, porque todas fueron infinitas.

El que fue por la mar y en navíos hizo grandes robos y escándalos y aventamientos de gentes en los pueblos de la costa, saliéndole a rescebir algunos con presentes en el reino de Yucatán, que está en el camino del reino susodicho de Naco y Guaimura, donde iba. Después de llegado a ellos envió capitanes y mucha gente por toda aquella tierra que robaban y mataban y destruían cuantos pueblos y gentes había. Y especialmente uno que se alzó con trecientos hombres y se metió la tierra adentro hacia Guatimala, fue destruyendo y quemando cuantos pueblos

28

hallaba y robando y matando las gentes dellos. Y fue haciendo esto de industria más de ciento y veinte leguas, porque si enviasen tras él hallasen los que fuesen la tierra despoblada y alzada y los matasen los indios en venganza de los daños y destruiciones que dejaban hechos. Desde a pocos días mataron al capitán principal que le envió y a quien éste se alzó, y después suscedieron otros muchos tiranos crudelísimos que con matanzas e crueldades espantosas y con hacer esclavos e vendellos a los navíos que les traían vino e vestidos y otras cosas, e con la tiránica servidumbre ordinaria, desde el año de mil y quinientos e veinte y cuatro hasta el año de mil e quinientos e treinta y cinco asolaron aquellas provincias e reino de Naco y Honduras, que verdaderamente parescían un paraíso de deleites y estaban más pobladas que la más frecuentada y poblada tierra que puede ser en el mundo; y agora pasamos e venimos por ellas y las vimos tan despobladas y destruidas que cualquiera persona, por dura que fuera, se le abrieran las entrañas de dolor. Más han muerto, en estos once años, de dos cuentos de ánimas, y no han dejado, en más de cient leguas en cuadra, dos mil personas, y éstas cada día las mata en la dicha servidumbre.

Volviendo la péndola[28] a hablar del grande tirano capitán que fue a los reinos de Guatimala, el cual, como está dicho, excedió a todos los pasados e iguala con todos los que hoy hay, desde las provincias comarcanas a México, que por el camino que él fue (según él mesmo escribió en una carta al principal que le envió) están del reino de Guatimala cuatrocientas leguas, fue haciendo matanzas y robos, quemando y robando e destruyendo donde llegaba toda la tierra con el título susodicho, conviene a saber, diciéndoles que se sujetasen a ellos, hombres tan inhumanos, injustos y crueles, en nombre del rey de España, incógnito e nunca jamás dellos oído. El cual estimaban ser muy más injusto e cruel que ellos; e aun sin dejallos deliberar, cuasi tan presto como el mensaje, llegaban matando y quemando sobre ellos.

DE LA PROVINCIA E REINO DE GUATIMALA

Llegado al dicho reino hizo en la entrada dél mucha matanza de gente; e no obstante esto, salióle a rescebir en unas andas e con trompetas y atabales e muchas fiestas el señor principal con otros muchos señores de la ciudad de Ultatlán, cabeza de todo el reino, donde le sirvieron de todo lo que tenían, en especial dándoles de comer cumplidamente e todo lo que más pudieron. Aposentáronse fuera de la ciudad los españoles aquella noche, porque les paresció que era fuerte y que dentro pudieran tener peligro. Y otro día llama al señor principal e otros muchos señores, e venidos como mansas ovejas, préndelos todos e dice que le den tantas cargas de oro. Responden que no lo tienen, porque aquella tierra no es de oro. Mándalos luego quemar vivos, sin otra culpa ni otro proceso ni sentencia.

Desque vieron los señores de todas aquellas provincias que habían quemado aquellos señor y señores supremos, no más de porque no daban oro, huyeron todos de sus pueblos metiéndose en los montes, e mandaron a toda su gente que fuesen a los españoles y les sirviesen como a señores, pero que no les descubriesen diciéndoles dónde estaban.

Viénense toda la gente de la tierra a decir que quería ser suyos e servirles como a señores. Respondía este piadoso capitán que no los querían rescebir, antes los habían de matar a todos si no descubrían dónde estaban sus señores. Decían los indios que ellos no sabían dellos, que se sirviesen dellos y de sus mujeres e hijos y que en sus casas los hallarían; allí los podían matar o hacer dellos lo que quisiesen; y esto dijeron y ofrescieron e hicieron los indios muchas veces. Y cosa fue ésta maravillosa, que iban los españoles a los pueblos donde hallaban las pobres gentes trabajando en sus oficios con sus mujeres e hijos seguros e allí los alanceaban e hacían pedazos. Y a pueblo muy grande e poderoso vinieron (que estaban descuidados más que otros e seguros con su innocencia) y entraron los españoles y en obra de dos horas casi lo asolaron, metiendo a espada los niños e mujeres e viejos con cuantos matar pudieron que huyendo no se escaparon.

Desque los indios vieron que con tanta humildad, ofertas, paciencia y sufrimiento no podían quebrantar ni ablandar corazones tan inhumanos e bestiales, e que tan sin apariencia ni color de razón, e tan contra ella los hacían pedazos; viendo que así como así habían de morir, acordaron de convocarse e juntarse todos y morir en la guerra, vengándose como pudiesen de tan crueles e infernales enemigos, puesto que bien sabían que siendo no sólo inermes, pero desnudos, a pie y flacos, contra gente tan feroz a caballo e tan armada, no podían prevalecer, sino al cabo ser destruidos. Entonces inventaron unos hoyos en medio de los caminos donde cayesen los caballos y se hincasen por las tripas unas estacas agudas y tostadas de que estaban los hoyos llenos, cubiertos por encima de céspedes e yerbas que no parecía que hobiese nada.

Una o dos veces cayeron caballos en ellos no más, porque los españoles se supieron dellos guardar, pero para vengarse hicieron ley los españoles que todos cuantos indios de todo género y edad tomasen a vida, echasen dentro en los hoyos. Y así las mujeres preñadas e paridas e niños y viejos e cuantos podían tomar echaban en los hoyos hasta que los henchían, traspasados por las estacas,

30

que era una gran lástima ver, especialmente las mujeres con sus niños. Todos los demás mataban a lanzadas y a cuchilladas, echábanlos a perros bravos que los despedazaban e comían, e cuando algún señor topaban, por honra quemábanlo en vivas llamas. Estuvieron en estas carnicerías tan inhumanas cerca de siete años, desde el año de veinte y cuatro hasta el año de treinta o treinta y uno: juzgúese aquí cuánto sería el número de la gente que consumirían.

De infinitas obras horribles que en este reino hizo este infelice malaventuado tirano e sus hermanos (porque eran sus capitanes no menos infelices e insensibles que él, con los demás que le ayudaban) fue una harto notable: que fue a la provincia de Cuzcatán, donde agora o cerca de allí es la villa de Sant Salvador, que es una tierra felicísima con toda la costa de la mar del Sur, que dura cuarenta y cincuenta leguas, y en la ciudad de Cuzcatán, que era la cabeza de la provincia, le hicieron grandísimo rescebimiento e sobre veinte o treinta mil indios le estaban esperando cargados de gallinas e comida. Llegado y rescebido el presente, mandó que cada español tomase de aquel gran número de gente todos los indios que quisiese, para los días que allí estuviesen servirse dellos e que tuviesen cargo de traerles lo que hobiesen menester. Cada uno tomó ciento o cincuenta o los que le parescía que bastaban para ser muy bien servido, y los innocentes corderos sufrieron la división e servían con todas sus fuerzas, que no faltaba sino adorallos.

Entre tanto este capitán pidió a los señores que le trujesen mucho oro, porque a aquello principalmente venían. Los indios responden que les place darles todo el oro que tienen, e ayuntan muy gran cantidad de hachas de cobre (que tienen, con que se sirven), dorado, que parece oro porque tiene alguno. Mándales poner el toque, y desque vido que eran cobre dijo a los españoles: «Dad al diablo tal tierra; vamonos, pues que no hay oro; e cada uno los indios que tiene que le sirven échelos en cadena e mandaré herrárselos por esclavos.» Hácenlo así e hiérranlos con el hierro del rey por esclavos a todos los que pudieron atar, e yo vide el hijo del señor principal de aquella ciudad herrado.

Vista por los indios que se soltaron y los demás de toda la tierra tan gran maldad, comienzan a juntarse e a ponerse en armas. Los españoles hacen en ellos grandes estragos y matanzas e tórnanse a Guatimala, donde edificaron una ciudad que agora con justo juicio, con tres diluvios juntamente, uno de agua e otro de tierra e otro de piedras más gruesas que diez y veinte bueyes, destruyó la justicia divina. Donde muertos todos los señores e los hombres que podían hacer guerra, pusieron todos los demás en la sobredicha infernal servidumbre, e con pedirles esclavos de tributo y dándoles los hijos e hijas, porque otros esclavos no los tienen, y ellos enviando navíos cargados dellos a vender al Perú, e con otras

31

matanzas y estragos que sin los dichos hicieron, han destruido y asolado un reino de cient leguas en cuadra y más, de los más felices en fertilidad e población que puede ser en el mundo. Y este tirano mesmo escribió que era más poblado que el reino de México e dijo verdad: más ha muerto él y sus hermanos, con los demás, de cuatro y de cinco cuentos de ánimas en quince o dieciséis años, desde el año de veinte y cuatro hasta el de cuarenta, e hoy matan y destruyen los que quedan, e así matarán los demás.

Tenía éste esta costumbre: que cuando iba a hacer guerra a algunos pueblos o provincias, llevaba de los ya sojuzgados indios cuantos podía que hiciesen guerra a los otros; e como no les daba de comer a diez y a veinte mil hombres que llevaba, consentíales que comiesen a los indios que tomaban. Y así había en su real solenísima carnecería de carne humana, donde en su presencia se mataban los niños y se asaban, y mataban el hombre por solas las manos y pies, que tenían por los mejores bocados. Y con estas immanidades, oyéndolas todas las otras gentes de las otras tierras, no sabían dónde se meter de espanto.

Mató infinitas gentes con hacer navíos; llevaba de la mar del Norte a la del Sur, ciento y treinta leguas, los indios, cargados con anclas de tres y cuatro quintales, que se les metían las uñas dellas por las espaldas y lomos; y llevó desta manera mucha artillería en los hombros de los tristes desnudos; e yo vide muchos cargados de artillería por los caminos, angustiados. Descasaba y robaba los casados, tomándoles las mujeres y las hijas, y dábalas a los marineros y soldados por tenellos contentos para llevallos en sus armadas; henchía los navíos de indios, donde todos perecían de sed y hambre. Y es verdad que si hobiese de decir, en particular, sus crueldades, hiciese un gran libro que al mundo espantase.

Dos armadas hizo, de muchos navíos cada una, con las cuales abrasó, como si fuera fuego del cielo, todas aquellas tierras. ¡Oh, cuántos huérfanos hizo, cuántos robó de sus hijos, cuántos privó de sus mujeres, cuántas mujeres dejó sin maridos, de cuántos adulterios y estupros e violencias fue causa! ¡Cuántos privó de su libertad, cuántas angustias e calamidades padecieron muchas gentes por él! ¡Cuántas lágrimas hizo derramar, cuántos sospiros, cuántos gemidos, cuántas soledades en esta vida e de cuántos dannación eterna en la otra causó, no sólo de indios, que fueron infinitos, pero de los infelices cristianos de cuyo consorcio se favoreció en tan grandes insultos, gravísimos pecados e abominaciones tan execrables! Y plega a Dios que dél haya habido misericordia e se contente con tan mala fin como al cabo le dio.

DE LA NUEVA ESPAÑA, Y PANUCO, Y JALISCO

Hechas las grandes crueldades y matanzas dichas y las que se dejaron de decir en las provincias de la Nueva España y en la de Panuco, sucedió en la de Panuco otro tirano insensible, cruel, el año de mil e quinientos e veinte y cinco,[29 que haciendo muchas crueldades y herrando muchos y gran número de esclavos de las maneras susodichas, siendo todos hombres libres, y enviando cargados muchos navíos a las islas Cuba y Española, donde mejor venderlos podía, acabó de asolar toda aquella provincia; e acaesció allí dar por una yegua ochenta indios, ánimas racionales. De aquí fue proveído para gobernar la ciudad de México y toda la Nueva España con otros grandes tiranos por oidores y él por presidente. El cual con ellos cometieron tan grandes males, tantos pecados, tantas crueldades, robos e abominaciones que no se podrían creer. Con las cuales pusieron toda aquella tierra en tan última despoblación, que si Dios no les atajara con la resistencia de los religiosos de Sant Francisco e luego con la nueva provisión [de un Audiencia Real buena, amiga de toda virtud, en dos años dejaran la Nueva España como está la isla Española. Hobo hombre de aquéllos, de la compañía déste, que para cercar de pared una gran huerta suya traía ocho mil indios, trabajando sin pagalles nada ni dalles de comer, que de hambre se caían muertos súpitamente, y él no se daba por ello nada.

Desque tuvo nueva el principal desto, que dije que acabó de asolar a Panuco, que venía la dicha buena Real Audiencia, inventó de ir la tierra adentro a descubrir donde tiranizase, y sacó por fuerza de la provincia de México quince o veinte mil hombres para que le llevasen, e a los españoles que con él iban, las cargas, de los cuales no volvieron docientos, que todos fue causa que muriesen por allá. Llegó a la provincia de Mechuacam, que es cuarenta leguas de México, otra tal y tan felice e tan llena de gente como la de México, saliéndole a recebir el rey e señor[30 della con procesión de infinita gente e haciéndole mil servicios y regalos; prendió luego al dicho rey, porque tenía fama de muy rico de oro y plata, e porque le diese muchos tesoros comienza a dalle estos tormentos el tirano: pónelo en un cepo por los pies y el cuerpo estendido, e atado por las manos a un madero; puesto un brasero junto a los pies, e un muchacho, con un hisopillo mojado en aceite, de cuando en cuando se los rociaba para tostalle bien los cueros; de una parte estaba un hombre cruel, que con una ballesta armada apuntábale al corazón; de otra, otro con un muy terrible perro bravo echándoselo, que en un credo lo despedazara, e así lo tormentaron porque descubriese los tesoros que pretendía, hasta que, avisado cierto religioso de Sant Francisco, se lo quitó de las manos; de los cuales tormentos al fin murió. Y desta manera atormentaron e mataron a muchos señores e caciques en aquellas provincias, porque diesen oro y plata.

Cierto tirano en este tiempo, yendo por visitador más de las bolsas y haciendas

para roballas de los indios que no de las ánimas o personas, halló que ciertos indios tenían escondidos sus ídolos, como nunca los hobiesen enseñado los tristes españoles otro mejor Dios: prendió los señores hasta que le dieron los ídolos, creyendo que eran de oro o de plata, por lo cual cruel e injustamente los castigó. Y porque no quedase defraudado de su fin, que era robar, constriñó a los dichos caciques que le comprasen los ídolos, y se los compraron por el oro o plata que pudieron hallar, para adorarlos como solían por Dios. Éstas son las obras y ejemplos que hacen y honra que procuran a Dios en las Indias los malaventurados españoles.

Pasó este gran tirano capitán, de la de Mechuacam a la provincia de Jalisco, que estaba entera e llena como una colmena de gente poblatísima e felicísima, porque es de las fértiles y admirables de las Indias; pueblo tenía que casi duraba siete leguas su población. Entrando en ella salen los señores y gente con presentes y alegría, como suelen todos los indios, a rescibir. Comenzó a hacer las crueldades y maldades que solía, e que todos allá tienen de costumbre, e muchas más, por conseguir el fin que tienen por dios, que es el oro. Quemaba los pueblos, prendía los caciques, dábales tormentos, hacía cuantos tomaba esclavos. Llevaba infinitos atados en cadenas; las mujeres paridas, yendo cargadas con cargas que de los malos cristianos llevaban, no pudiendo llevar las criaturas por el trabajo e flaqueza de hambre, arrojábanlas por los caminos, donde infinitas perecieron.

Un mal cristiano, tomando por fuerza una doncella para pecar con ella, arremetió la madre para se la quitar, saca un puñal o espada y córtale una mano a la madre, y a la doncella, porque no quiso consentir, matóla a puñaladas.

Entre otros muchos hizo herrar por esclavos injustamente, siendo libres (como todos lo son), cuatro mil e quinientos hombres e mujeres y niños de un año, a las tetas de las madres, y de dos, y tres, e cuatro, e cinco años, aun saliéndole a rescibir de paz, sin otros infinitos que no se contaron.

Acabadas infinitas guerras inicuas e infernales y matanzas en ellas que hizo, puso toda aquella tierra en la ordinaria e pestilencial servidumbre tiránica que todos los tiranos cristianos de las Indias suelen y pretenden poner aquellas gentes. En la cual consintió hacer a sus mesmos mayordomos e a todos los demás crueldades e tormentos nunca oídos, por sacar a los indios oro y tributos. Mayordomo suyo mató muchos indios ahorcándolos y quemándolos vivos, y echándolos a perros bravos, e cortándoles pies y manos y cabezas e lenguas, estando los indios de paz, sin otra causa alguna más de por amedrentallos para que le sirviesen e diesen oro e tributos, viéndolo e sabiéndolo el mesmo egregio tirano, sin muchos azotes y palos y bofetadas y otras especies de crueldades que en ellos hacían cada día y cada hora ejercitaban.

Dícese de él que ochocientos pueblos destruyó y abrasó en aquel reino de Jalisco, por lo cual fue causa que de desesperados (viéndose todos los demás tan cruelmente perecer) se alzasen e fuesen a los montes y matasen muy justa y dignamente algunos españoles. Y después, con las injusticias y agravios de otros modernos tiranos que por allí pasaron para destruir otras provincias, que ellos llaman descubrir, se juntaron muchos indios, haciéndose fuertes en ciertos peñones, en los cuales agora de nuevo han hecho en ellos tan grandes crueldades que cuasi han acabado de despoblar e asolar toda aquella gran tierra, matando infinitas gentes. Y los tristes ciegos, dejados de Dios venir a reprobado sentido, no viendo la justísima causa, y causas muchas llenas de toda justicia, que los indios tienen por ley natural, divina y humana de los hacer pedazos, si fuerzas e armas tuviesen, y echallos de sus tierras, e la injustísima e llena de toda iniquidad, condenada por todas las leyes, que ellos tienen para, sobre tantos insultos y tiranías e grandes e inexpiables pecados que han cometido en ellos, moverles de nuevo guerra, piensan y dicen y escriben que las victorias que han de los innocentes indios asolándolos, todas se las da Dios, porque sus guerras inicuas tienen justicia, como se gocen y glorien y hagan gracias a Dios de sus tiranías como lo hacían aquellos tiranos ladrones de quien dice el profeta Zacharías, capítulo II: Pasee pécora ocisionis, quoe qui occidebant non dolebant sed dicebant, benedictus deus quod divites facti sumus.[31]

DEL REINO DE YUCATÁN

El año de mil e quinientos y veinte y seis fue otro infelice hombre proveído por gobernador del reino de Yucatán,[32 por las mentiras y falsedades que dijo y ofrescimientos que hizo al rey, como los otros tiranos han hecho hasta agora, porque les den oficios y cargos con que puedan robar. Este reino de Yucatán estaba lleno de infinitas gentes, porque es la tierra de gran manera sana y abundante de comidas e fruta mucho (aún más que la de la de México), e señaladamente abunda de miel y cera más que ninguna parte de las Indias de lo que hasta agora se ha visto. Tiene cerca de trecientas leguas de boja o en torno el dicho reino. La gente dél era señalada entre todas las de las Indias, así en prudencia y policía como en carecer de vicios y pecados más que otra, e muy aparejada e digna de ser traída al conocimiento de su Dios, y donde se pudieran hacer grandes ciudades de españoles e vivieran como en un paraíso terrenal (si fueran dignos della); pero no lo fueron por su gran cudicia e insensibilidad e grandes pecados, como no han sido dignos de las otras partes que Dios les había en aquellas Indias demostrado.

Comenzó este tirano con trecientos hombres, que llevó consigo a hacer crueles guerras a aquellas gentes buenas, innocentes, que estaban en sus casas sin ofender a nadie, donde mató y destruyó infinitas gentes. Y porque la tierra no tiene oro, porque si lo tuviera, por sacallo en las minas los acabara; pero por hacer oro de los cuerpos y de las ánimas de aquellos por quien Jesucristo murió, hace abarrisco,[33 todos los que no mataba, esclavos e a muchos navíos que venían al olor y fama de los esclavos enviaba llenos de gentes, vendidas por vino, y aceite, y vinagre, y por tocinos, e por vestidos, y por caballos e por lo que él y ellos habían menester, según su juicio y estima.

Daba a escoger entre cincuenta y cien doncellas, una de mejor parecer que otra, cada uno la que escogese, por una arroba de vino, o de aceite, o vinagre, o por un tocino, e lo mesmo un muchacho bien dispuesto, entre ciento o docientos escogido, por otro tanto. Y acaesció dar un muchacho, que parescía hijo de un príncipe, por un queso, e cient personas por un caballo. En estas obras estuvo desde el año de veinte y seis hasta el año de treinta y tres, que fueron siete años, asolando y despoblando aquellas tierras e matando sin piedad a aquellas gentes, hasta que oyeron allí las nuevas de las riquezas del Perú, que se le fue la gente española que tenía y cesó por algunos días aquel infierno; pero después tornaron sus ministros a hacer otras grandes maldades, robos y captiverios y ofensas grandes de Dios, e hoy no cesan de hacerlas e cuasi tienen despobladas todas aquellas trecientas leguas, que estaban (como se dijo) tan llenas y pobladas.

No bastaría a creer nadie ni tampoco a decirse los particulares casos de crueldades que allí se han hecho. Sólo diré dos o tres que me ocurrren. Como andaban los tristes españoles con perros bravos buscando e aperreando los indios, mujeres y hombres, una india enferma, viendo que no podía huir de los perros, que no la hiciesen pedazos como hacían a los otros, tomó una soga y atóse al pie un niño que tenía de un año y ahorcóse de una viga, e no lo hizo tan presto que no llegaran los perros e despedazaron el niño, aunque antes que acabase de morir lo baptizó un fraile.

Cuando se salían los españoles de aquel reino dijo uno a un hijo de un señor de cierto pueblo o provincia que se fuese con él; dijo el niño que no quería dejar su tierra. Responde el español: «Vente conmigo; si no, cortarte he las orejas.» Dice el muchacho que no. Saca un puñal e córtale una oreja y después la otra. Y diciéndole el muchacho que no quería dejar su tierra, córtale las narices, riendo y como si le diera un repelón no más.

Este hombre perdido se loó e jactó delante de un venerable religioso, desvergonzadamente, diciendo que trabajaba cuanto podía por empreñar muchas mujeres indias, para que, viéndolas preñadas, por esclavas le diesen más precio de dinero por ellas.

En este reino o en una provincia de la Nueva España, yendo cierto español con sus perros a caza de venados o de conejos, un día, no hallando qué cazar, parescióle que tenían hambre los perros, y toma un muchacho chiquito a su madre e con un puñal córtale a tarazones los brazos y las piernas, dando a cada perro su parte; y después de comidos aquellos tarazones échales todo el corpecito en el suelo a todos juntos. Véase aquí cuánta es la insensibilidad de los españoles en aquellas tierras e cómo los ha traído Dios in reprobus sensus,[34] y en qué estima tienen a aquellas gentes, criadas a la imagen de Dios e redimidas por su sangre. Pues peores cosas veremos abajo.

Dejadas infinitas e inauditas crueldades que hicieron los que se llaman cristianos en este reino, que no basta juicio a pensallas, sólo con esto quiero concluirlo: que salidos todos los tiranos infernales dél con el ansia, que los tiene ciegos, de las riquezas del Perú, movióse el padre fray Jacobo con cuatro religiosos de su orden de Sant Francisco a ir aquel reino a apaciguar y predicar e traer a Jesucristo el rebusco de aquellas gentes que restaban de la vendimia infernal y matanzas tiránicas que los españoles en siete años habían perpetrado; e creo que fueron estos religiosos el año de treinta y cuatro, enviándoles delante ciertos indios de la provincia de México por mensajeros, si tenían por bien que entrasen los dichos religiosos en sus tierras a dalles noticia de un solo Dios, que era Dios y Señor verdadero de todo el mundo. Entraron en consejo e hicieron muchos ayuntamientos, tomadas primero muchas informaciones, qué hombres eran aquellos que se decían padres e frailes, y qué era lo que pretendían y en qué difirían de los cristianos, de quien tantos agravios e injusticias habían recebido. Finalmente, acordaron de rescibirlos con que solos ellos y no españoles allá entrasen. Los religiosos se lo prometieron, porque así lo llevaban concedido por el visorrey de la Nueva España e cometido que les prometiesen que no entrarían más allí españoles, sino religiosos, ni les sería hecho por los cristianos algún agravio.

Predicáronles el evangelio de Cristo como suelen, y la intinción sancta de los reyes de España para con ellos; e tanto amor y sabor tomaron con la doctrina y ejemplo de los frailes e tanto se holgaron de las nuevas de los reyes de Castilla (de los cuales en todos los siete años pasados nunca los españoles les dieron noticia que había otro rey, sino aquel que allí los tiranizaba y destruía), que a cabo de cuarenta días que los frailes habían entrado e predicado, los señores de la tierra les trujeron y entregaron todos sus ídolos que los quemasen, y después desto sus hijos para que los enseñasen, que los quieren más que las lumbres de sus ojos, e les hicieron iglesias y templos e casas, e los convidaban de otras provincias a que fuesen a predicalles e dalles noticia de Dios y de aquel que decían que era gran rey de Castilla. Y persuadidos de los frailes hicieron una cosa que nunca en las Indias hasta hoy se hizo, y todas las que se fingen por algunos de los tiranos que allá han destruido aquellos reinos e grandes tierras son falsedad y mentira. Doce o quince señores de muchos vasallos e tierras, cada uno por sí, juntando sus pueblos, e tomando sus votos e consentimiento, se subjectaron de su propia voluntad al señorío de los reyes de Castilla, rescibiendo al Emperador, como rey de España, por señor supremo e universal; e hicieron ciertas señales como firmas, las cuales tengo en mi poder con el testimonio de los dichos frailes.

Estando en este aprovechamiento de la fee, e con grandísima alegría y esperanza los frailes de traer a Jesucristo todas las gentes de aquel reino que de las muertes y guerras injustas pasadas habían quedado, que aún no eran pocas, entraron por cierta parte diez y ocho españoles tiranos, de caballo, e doce de pie, que eran treinta, e traen muchas cargas de ídolos tomados de otras provincias a los indios; y el capitán de los dichos treinta españoles llama a un señor de la tierra por donde entraban e dícele que tomase de aquellas cargas de ídolos y los repartiese por toda su tierra, vendiendo cada ídolo por un indio o india para hacello esclavo, amenazándolo que si no lo hacía que le había de hacer guerra. El dicho señor, por temor forzado, destribuyó los ídolos por toda su tierra e mandó a todos sus vasallos que los tomasen para adorallos, e le diesen indios e indias para dar a los españoles para hacer esclavos. Los indios, de miedo, quien tenía dos hijos daba uno, e quien tenía tres daba dos, e por esta manera complían con aquel tan sacrilego comercio, y el señor o cacique contentaba los españoles si fueran cristianos.

Uno destos ladrones impíos infernales llamado Juan García, estando enfermo y propinco a la muerte, tenía debajo de su cama dos cargas de ídolos, y mandaba a una india que le servía que mirase bien que aquellos ídolos que allí estaban no los diese a trueque de gallinas, porque eran muy buenos, sino cada uno por un esclavo; y, finalmente, con este testamento y en este cuidado ocupado murió el desdichado; ¿y quién duda que no esté en los infiernos sepultado?

Véase y considérese agora aquí cuál es el aprovechamiento y religión y ejemplos de cristiandad de los españoles que van a las Indias; qué honra procuran a Dios; cómo trabajan que sea conoscido y adorado de aquellas gentes; qué cuidado tienen de que por aquellas ánimas se siembre y crezca e dilate su sancta fee, e juzgúese si fue menor pecado éste que el de Jeroboán: qui peccare fecit Israel,[35] haciendo los dos becerros de oro para que el pueblo adorase, o si fue igual al de Judas, o que más escándalo causase. Éstas, pues, son las obras de los españoles que van a las Indias, que verdaderamente muchas e infinitas veces, por la cudicia que tienen de oro, han vendido y venden hoy en este día e niegan y reniegan a Jesucristo.

Visto por los indios que no había salido verdad lo que los religiosos les habían prometido (que no habían de entrar españoles en aquellas provincias, e que los mesmos españoles les traían ídolos de otras tierras a vender, habiendo ellos entregado todos sus dioses a los frailes para que los quemasen por adorar un verdadero Dios), alborótase e indígnase toda la tierra contra los frailes e vanse a ellos diciendo: «¿Por qué nos habéis mentido, engañándonos que no habían de entrar en esta tierra cristianos? ¿Y por qué nos habéis quemado nuestros dioses, pues nos traen a vender otros dioses de otras provincias vuestros cristianos? ¿Por ventura no eran mejores nuestros dioses que los de las otras naciones?»

Los religiosos los aplacaron lo mejor que pudieron, no teniendo qué responder. Vanse a buscar los treinta españoles e dícenles los daños que habían hecho; requiérenles que se vayan: no quisieron, antes hicieron entender a los indios que los mesmos frailes los habían hecho venir aquí, que fue malicia consumada. Finalmente, acuerdan de matar los indios los frailes; huyen los frailes una noche, por ciertos indios que los avisaron, y después de idos, cayendo los indios en la innocencia e virtud de los frailes e maldad de los españoles, enviaron mensajeros cincuenta leguas tras ellos rogándoles que se tornasen e pidiéndoles perdón de la alteración que les causaron. Los religiosos, como siervos de Dios y celosos de aquellas ánimas, creyéndoles, tornáronse a la tierra e fueron rescebidos como ángeles, haciéndoles los indios mil servicios, y estuvieron cuatro o cinco meses después. Y porque nunca aquellos cristianos quisieron irse de la tierra, ni pudo el visorrey con cuanto hizo sacallos, porque está lejos de la Nueva España (aunque los hizo apregonar por traidores), e porque no cesaban de hacer sus acostumbrados insultos y agravios a los indios, paresciendo a los religiosos que tarde que temprano con tan malas obras los indios se resabiarían e que quizá caerían sobre ellos, especialmente que no podían predicar a los indios con quietud dellos e suya, e sin continuos sobresaltos por las obras malas de los españoles, acordaron de desamparar aquel reino, e así quedó sin lumbre y socorro de doctrina, y aquellas ánimas en la oscuridad de ignorancia e

miseria que estaban, quitándoles al mejor tiempo el remedio y regadío de la noticia e conoscimiento de que iban ya tomando avidísimamente, como si quitásemos el agua a las plantas recién puestas de pocos días; y esto por la inexpiable culpa e maldad consumada de aquellos españoles.

DE LA PROVINCIA DE SANCTA MARTA

La provincia de Sancta Marta era tierra donde los indios tenían muy mucho oro, porque la tierra es rica y las comarcas, e tenían industria de cogello. Y por esta causa, desde el año de mil e cuatrocientos e noventa y ocho hasta hoy, año de mil e quinientos e cuarenta y dos, otra cosa no han hecho infinitos tiranos españoles sino ir a ella con navíos y saltear e matar y robar aquellas gentes por roballes el oro que tenían, y tornábanse en los navíos que iban en diversas e muchas veces, en las cuales hicieron grandes estragos y matanzas e señaladas crueldades, y esto comúnmente a la costa de la mar e algunas leguas la tierra dentro, hasta el año de mil e quinientos e veinte y tres. El año de mil e quinientos e veinte y tres fueron tiranos españoles a estar de asiento allá; y porque la tierra, como dicho es, era rica, suscedieron diversos capitanes, unos más crueles que otros, que cada uno parecía que tenía hecha profesión de hacer más exorbitantes crueldades y maldades que el otro, porque saliese verdad la regla que arriba posimos.

El año de mil e quinientos e veinte y nueve, fue un gran tirano muy de propósito e con mucha gente, sin temor alguno de Dios ni compasión de humano linaje, el cual hizo con ella tan grandes estragos, matanzas e impiedades, que a todos los pasados excedió: robó él y ellos muchos tesoros en obra de seis o siete años que vivió. Después de muerto sin confesión, y aun huyendo de la residencia que tenía, suscedieron otros tiranos matadores y robadores, que fueron a consumir las gentes que de las manos y cruel cuchillo de los pasados restaban. Estendiéronse tanto por la tierra dentro, vastando y asolando grandes e muchas provincias, matando y captivando las gentes dellas, por las maneras susodichas de las otras, dando grandes tormentos a señores y a vasallos, porque descubriesen el oro y los pueblos que lo tenían, excediendo como es dicho en las obras y número e calidad a todos los pasados; tanto que desde el año dicho, de mil e quinientos y veinte y nueve hasta hoy, han despoblado por aquella parte más de cuatrocientas leguas de tierra que estaba así poblada como las otras.

Verdaderamente afirmo que si en particular hobiera de referir las maldades, matanzas, despoblaciones, injusticias, violencias, estragos y grandes pecados que los españoles en estos reinos de Sancta Marta han hecho y cometido contra Dios, e contra el rey, e aquellas innocentes naciones, yo haría una muy larga historia; pero esto quedarse ha para su tiempo si Dios diere la vida. Sólo quiero aquí decir unas pocas de palabras de las que escribe agora al Rey nuestro señor el obispo de aquella provincia, y es la hecha de la carta a veinte de mayo del año de mil e quinientos e cuarenta y uno, el cual entre otras palabras dice así:

«Digo, sagrado César, que el medio para remediar esta tierra es que Vuestra Majestad la saque ya de poder de padrastros y le dé marido que la tráete como es razón y ella merece; y éste, con toda brevedad, porque de otra manera, según la aquejan e fatigan estos tiranos que tienen encargamiento della, tengo por cierto que muy aína[36] dejará de ser, etcétera.» Y más abajo dice: «Donde conoscerá Vuestra Majestad claramente cómo los que gobiernan por estas partes merescen ser desgobernados para que las repúblicas se aliviasen. Y si esto no se hace, a mi ver, no tienen cura sus enfermedades. Y conoscerá también cómo en estas partes no hay cristianos, sino demonios; ni hay servidores de Dios ni de rey, sino traidores a su ley y a su rey. Porque en verdad quel mayor inconveniente que yo hallo para traer los indios de guerra y hacellos de paz, y a los de paz al conoscimiento de nuestra fee, es el áspero e cruel tractamiento que los de paz resciben de los cristianos. Por lo cual están tan escabrosos e tan avispados que ninguna cosa les puede ser más odiosa ni aborrecible que el nombre de cristianos. A los cuales ellos en toda esta tierra llaman en su lengua yares, que quiere decir demonios: e sin duda ellos tienen razón, porque las obras que acá obran ni son de cristianos ni de hombres que tienen uso de razón, sino de demonios, de donde nace que como los indios veen este obrar mal e tan sin piedad generalmente, así en las cabezas como en los miembros, piensan que los cristianos lo tienen por ley y es autor dello su Dios y su rey. Y trabajar de persuadirles otra cosa es querer agotar la mar y darles materia de reír e hacer burla y escarnio de Jesucristo y su ley. Y como los indios de guerra vean este tratamiento que se hace a los de paz, tienen por mejor morir de una vez que no de muchas en poder de españoles. Sélo esto, invictísimo César, por experiencia, etcétera.» Dice más abajo, en un capítulo: «Vuestra Majestad tiene más servidores por acá de lo que piensa, porque no hay soldado de cuantos acá están que no osen decir públicamente que si saltea o roba, o destruye, o mata, o quema los vasallos de Vuestra Majestad porque le den oro, sirve a Vuestra Majestad, a título que dice que de allí le viene su parte a Vuestra Majestad. Y, por tanto, sería bien, cristianísimo César, que Vuestra Majestad diese a entender, castigando algunos rigurosamente, que no rescibe servicio en cosa que Dios es deservido.»

Todas las susodichas son formales palabras del dicho obispo de Sancta Marta, por las cuales se verá claramente lo que hoy se hace en todas aquellas desdichadas tierras y contra aquellas innocentes gentes. Llama indios de guerra los que están y se han podido salvar, huyendo de las matanzas de los infelices españoles, por los montes. Y los de paz llama los que, después de muertas infinitas gentes, ponen en la tiránica y horrible servidumbre arriba dicha, donde al cabo los acaban de asolar y matar, como parece por las dichas palabras del obispo; y en verdad que explica harto poco lo que aquéllos padecen.

Suelen decir los indios de aquella tierra, cuando los fatigan llevándolos con cargas por las sierras, si caen y desmayan de flaqueza e trabajo, porque allí les dan de coces y palos e les quiebran los dientes con los pomos de las espadas porque se levanten y anden sin resollar: «Anda, que sois malos; no puedo más; mátame aquí, que aquí quiero quedar muerto.» Y esto dícenlo con grandes sospiros y apretamiento del pecho, mostrando grande angustia y dolor. ¡Oh, quién pudiese dar a entender de cient partes una de las afliciones e calamidades que aquellas innocentes gentes por los infelices españoles padecen! Dios sea aquel que lo dé a entender a los que lo pueden y deben remediar.

DE LA PROVINCIA DE CARTAGENA

Esta provincia de Cartagena está más abajo cincuenta leguas de la de Sancta Marta, hacia el Poniente, e junto con ella la del Cenú hasta el golfo de Urabá, que ternán sus cient leguas de costa de mar, e mucha tierra la tierra dentro, hacia el Mediodía. Estas provincias han sido tractadas, angustiadas, muertas, despobladas y asoladas, desde el año de mil e cuatrocientos y noventa y ocho o nueve hasta hoy, como las de Sancta Marta, y hechas en ellas muy señaladas crueldades y muertes y robos por los españoles, que por acabar presto esta breve suma no quiero decir en particular, y por referir las maldades que en otras agora se hacen.

DE LA COSTA DE LAS PERLAS Y DE PARIA Y LA ISLA DE LA

TRINIDAD

Desde la costa de Paria hasta el golfo de Venezuela, exclusive, que habrá docientas leguas, han sido grandes e señaladas las destruiciones que los españoles han hecho en aquellas gentes, salteándolos y tomándolos los más que podían a vida para vendellos por esclavos. Muchas veces, tomándolos sobre seguro y amistad que los españoles habían con ellos tratado, no guardándoles fee ni verdad, recibiéndolos en sus casas como a padres y a hijos, dándoles y sirviéndoles con cuanto tenían y podían. No se podrían cierto fácilmente decir ni encarecer, particularizadamente, cuáles y cuántas han sido las injusticias, injurias, agravios y desafueros que las gentes de aquella costa, de los españoles han recebido desde el año de mil e quinientos y diez hasta hoy. Dos o tres quiero decir solamente, por las cuales se juzguen otras innumerables en número y fealdad que fueron dignas de todo tormento y fuego.

En la isla de la Trinidad, que es mucho mayor que Sicilia e más felice, questá pegada con la tierra firme por la parte de Paria, e que la gente della es de la buena y virtuosa en su género que hay en todas las Indias, yendo a ella un salteador el año de mil e quinientos e diez y seis con otros sesenta o setenta acostumbrados ladrones, publicaron a los indios que se venían a morar y vivir a aquella isla con ellos. Los indios rescibiéronlos como si fueran sus entrañas e sus hijos, sirviéndoles señores e subditos con grandísima afección y alegría, trayéndoles cada día de comer tanto que les sobraba para que comieran otros tantos; porque ésta es común condición e liberalidad de todos los indios de aquel Nuevo Mundo: dar excesivamente lo que han menester los españoles e cuanto tienen. Hácenles una gran casa de madera en que morasen todos, porque así la quisieron los españoles, que fuese una no más, para hacer lo que pretendían hacer e hicieron.

Al tiempo que ponían la paja sobre las varas o madera e habían cobrido obra de dos estados, porque los de dentro no viesen a los de fuera, so color de dar priesa a que se acabase la casa, metieron mucha gente dentro della, e repartiéronse los españoles, algunos fuera, alrededor de la casa con sus armas, para los que se saliesen, y otros dentro. Los cuales echan mano a las espadas e comienzan amenazar los indios desnudos que no se moviesen, si no, que los matarían, e comenzaron a atar, y otros que saltaron para huir, hicieron pedazos con las espadas. Algunos que salieron heridos y sanos e otros del pueblo que no habían entrado, tomaron sus arcos e flechas e recógense a otra casa del pueblo para se defender, donde entraron ciento o docientos dellos e defendiendo la puerta; pegan los españoles fuego a la casa e quémanlos todos vivos. Y con su presa, que sería de ciento y ochenta o docientos hombres que pudieron atar, vanse a su navío y alzan las velas e van a la isla de Sant Juan, donde venden la mitad por esclavos, e después a La Española, donde vendieron la otra.

Reprendiendo yo al capitán desta tan insigne traición e maldad, a la sazón en la mesma isla de Sant Juan, me respondió: «Anda, señor, que así me lo mandaron e me lo dieron por instrución los que me enviaron, que cuando no pudiese tomarlos por guerra que los tomase por paz.» Y en verdad que me dijo que en toda su vida había hallado padre ni madre, sino en la isla de la Trinidad, según las buenas obras que los indios le habían hecho. Esto dijo para mayor confusión suya e agravamiento de sus pecados. Déstas han hecho en aquella tierra firme infinitas, tomándolos e captivándolos sobre seguro. Véase qué obras son éstas y si aquellos indios ansí tomados si serán justamente hechos esclavos.

Otra vez, acordando los frailes de Sancto Domingo, nuestra orden, de ir a predicar e convertir aquellas gentes que carescían de remedio e lumbre de doctrina para salvar sus ánimas, como lo están hoy las Indias, enviaron un religioso presentado en teología, de gran virtud y sanctidad, con un fraile lego su compañero, para que viese la tierra y tractase la gente e buscase lugar apto para hacer monasterios. Llegados los religiosos, recibiéronlos los indios como ángeles del cielo y óyenlos con gran afección y atención e alegría las palabras que pudieron entonces darles a entender, más por señas que por habla, porque no sabían la lengua. Acaesció venir por allí un navío, después de ido el que allí los dejó; y los españoles dél, usando de su infernal costumbre, traen por engaño, sin saberlo los religiosos, al señor de aquella tierra, que se llamaba don Alonso, o que los frailes le habían puesto este nombre, o otros españoles, porque los indios son amigos e cudiciosos de tener nombre de cristiano e luego lo piden que se lo den, aun antes que sepan nada para ser baptizados. Así que engañan al dicho don Alonso para que entrase en el navío con su mujer e otras ciertas personas, y que les harían allá fiesta. Finalmente, que entraron diez y siete personas con el señor y su mujer, con confianza que los religiosos estaban en su tierra y que los españoles por ellos no harían alguna maldad, porque de otra manera no se fiaran dellos. Entrados los indios en el navío, alzan las velas los traidores e viénense a la isla Española, y véndenlos por esclavos.

Toda la tierra, como veen su señor y señora llevados, vienen a los frailes e quiérenlos matar. Los frailes, viendo tan gran maldad, queríanse morir de angustia, y es de creer que dieran antes sus vidas que fuera tal injusticia hecha, especialmente porque era poner impedimento a que nunca aquellas ánimas pudiesen oír ni creer la palabra de Dios. Apaciguáronlos lo mejor que pudieron y dijéronles que con el primer navío que por allí pasase escribirían a la isla Española, y que harían que les tornasen su señor y los demás que con él estaban. Trujo Dios por allí luego un navío para más confirmación de la dannación de los que gobernaban, y escribieron a los religiosos de La Española: en él claman, protestan una y muchas veces; nunca quisieron los oidores hacerles justicia, porque entre ellos mesmos estaban repartidos parte de los indios que ansí tan injusta y malamente habían prendido los tiranos.

Los dos religiosos, que habían prometido a los indios de la tierra que dentro de cuatro meses venía su señor don Alonso con los demás, viendo que ni en cuatro ni en ocho vinieron, aparejáronse para morir y dar la vida a quien la habían ya antes que partiesen ofrecido. Y así los indios tomaron venganza dellos justamente matándolos, aunque innocentes, porque estimaron que ellos habían sido causa de aquella traición; y porque vieron que no salió verdad lo que dentro de los cuatro meses les certificaron e prometieron; y porque hasta entonces ni aun hasta agora no supieron ni saben hoy que haya diferencia de los frailes a los tiranos y ladrones y salteadores españoles por toda aquella tierra. Los bienaventurados frailes padescieron injustamente, por la cual injusticia ninguna duda hay que, según nuestra fee sancta, sean verdaderos mártires e reinen hoy con Dios en los cielos, bienaventurados, como quiera que allí fuesen enviados por la obediencia y llevasen intención de predicar e dilatar la sancta fee e salvar todas aquellas ánimas, e padescer cualesquiera trabajos y muerte que se les ofresciese por Jesucristo crucificado.

Otra vez, por las grandes tiranías y obras nefandas de los cristianos malos, mataron los indios otros dos frailes de Sancto Domingo, e uno de Sant Francisco, de que yo soy testigo, porque me escapé de la mesma muerte por milagro divino, donde había harto que decir para espantar los hombres según la gravedad e horribilidad del caso. Pero por ser largo no lo quiero aquí decir hasta su tiempo, y el día del juicio será más claro, cuando Dios tomare venganza de tan horribles e abominables insultos como hacen en las Indias los que tienen nombre de cristianos.

Otra vez, en estas provincias, al cabo que dicen de la Codera, estaba un pueblo cuyo señor se llamaba Higoroto, nombre propio de la persona o común de los señores dél. Éste era tan bueno e su gente tan virtuosa, que cuantos españoles por allí en los navíos venían hallaban reparo, comida, descanso y todo consuelo y refrigerio, e muchos libró de la muerte que venían huyendo de otras provincias donde habían salteado y hecho muchas tiranías e males, muertos de hambre, que los reparaba y enviaba salvos a la isla de las Perlas, donde había población de cristianos, que los pudiera matar sin que nadie los supiera y no lo hizo; e, finalmente, llamaban todos los cristianos a aquel pueblo de Higueroto el mesón y casa de todos.

Un malaventurado tirano acordó de hacer allí salto, como estaban aquellas gentes tan seguras. Y fue allí con un navío e convidó a mucha gente que entrase en el navío, como solía entrar y fiarse en los otros. Entrados muchos hombres e mujeres y niños alzó las velas e vínose a la isla de Sant Juan, donde los vendió todos por esclavos, e yo llegué entonces a la dicha isla e vide al dicho tirano, y supe allí lo que había hecho. Dejó destruido todo aquel pueblo, y a todos los tiranos españoles que por aquella costa robaban e salteaban les pesó y abominaron este tan espantoso hecho, por perder el abrigo y mesón que allí tenían como si estuvieran en sus casas.

Digo que dejo de decir inmensas maldades e casos espantosos que desta manera por aquellas tierras se han hecho e hoy en este día hacen.

Han traído a la isla Española y a la de Sant Juan, de toda aquella costa, que estaba pobladísima, más de dos cuentos de ánimas salteadas, que todas también las han muerto en las dichas islas echándolos a las minas y en los otros trabajos, allende de las multitúdines que en ellas, como arriba decimos, había. Y es una gran lástima y quebramiento de corazón de ver aquella costa de tierra felicísima toda desierta y despoblada.

Es ésta averiguada verdad, que nunca traen navío cargado de indios, así robados e salteados, como he dicho, que no echan a la mar muertos la tercia parte de los que meten dentro, con los que matan por tomallos en sus tierras. La causa es porque como para conseguir su fin es menester mucha gente para sacar más dineros por más esclavos, e no llevan comida ni agua sino poca, por no gastar los tiranos que se llaman armadores, no basta apenas sino poco más de para los españoles que van en el navío para saltear y así falta para los tristes, por lo cual mueren de hambre y de sed, y el remedio es dar con ellos en la mar. Y en verdad que me dijo hombre dellos que desde las islas de los Lucayos, donde se hicieron grandes estragos desta manera, hasta la isla Española, que son sesenta o setenta leguas, fuera un navío sin aguja e sin carta de marear, guiándose solamente por el rastro de los indios que quedaban en la mar echados del navío muertos.

Despúes, desque los desembarcan en la isla donde los llevan a vender, es para quebrar el corazón de cualquiera que alguna señal de piedad tuviere, verlos desnudos y hambrientos, que se caían desmayados de hambre niños y viejos, hombres y mujeres. Despúes, como a unos corderos los apartan padres de hijos e mujeres de maridos, haciendo manadas dellos de a diez y de a veinte personas y echan suertes sobrellos, para que lleven sus partes los infelices armadores, que son los que ponen su parte de dineros para hacer el armada de dos y de tres navíos, e para los tiranos salteadores que van a tomallos y salteallos en sus casas. Y cuando cae la suerte en la manada donde hay algún viejo o enfermo, dice el tirano a quien cabe: «Este viejo dadlo al diablo. ¿Para qué me lo dais, para que lo entierre? Este enfermo ¿para qué lo tengo de llevar, para curallo?» Véase aquí en qué estiman los españoles a los indios e si cumplen el precepto divino del amor del prójimo, donde pende la Ley e los Profetas.

La tiranía que los españoles ejercitan contra los indios en el sacar o pescar de las perlas es una de las crueles e condenadas cosas que pueden ser en el mundo. No hay vida infernal y desesperada en este siglo que se le pueda comparar, aunque la de sacar el oro en las minas sea en su género gravísima y pésima. Métenlos en la mar en tres y cuatro e cinco brazas de hondo, desde la mañana hasta que se pone el sol; están siempre debajo del agua nadando, sin resuello, arrancando las ostras donde se crían las perlas. Salen con unas redecillas llenas dellas a lo alto y a resollar, donde está un verdugo español en una canoa o barquillo, e si se tardan en descansar les da de puñadas y por los cabellos los echa al agua para que tornen a pescar. La comida es pescado, y del pescado que tienen las perlas, y pan cazabi, e algunos maíz (que son los panes de allá): el uno de muy poca sustancia y el otro muy trabajoso de hacer, de los cuales nunca se hartan. Las camas que les dan a la noche es echallos en un cepo en el suelo, porque no se les vayan. Muchas veces, zabúllense en la mar a su pesquería o ejercicio de las perlas y nunca tornan a salir (porque los tiburones e marrajos, que son dos especies de bestias marinas crudelísimas que tragan un hombre entero, los comen y matan).

Véase aquí si guardan los españoles, que en esta granjería de perlas andan desta manera, los preceptos divinos del amor de Dios y del prójimo, poniendo en peligro de muerte temporal y también del ánima, porque mueren sin fee e sin sacramentos, a sus prójimos por su propia cudicia. Y lo otro, dándoles tan horrible vida hasta que los acaban e consumen en breves días. Porque vivir los hombres debajo del agua sin resuello es imposible mucho tiempo, señaladamente que la frialdad continua del agua los penetra, y así todos comúnmente mueren de echar sangre por la boca, por el apretamiento del pecho que hacen por causa de estar tanto tiempo e tan continuo sin resuello, y de cámaras que causa la frialdad. Conviértense los cabellos, siendo ellos de su natura negros, quemados como pelos de lobos marinos, y sáleles por las espaldas salitre, que no parecen sino monstros en naturaleza de hombres o de otra especie.

En este incomportable trabajo, o por mejor decir ejercicio del infierno, acabaron de consumir a todos los indios lucayos que había en las islas cuando cayeron los españoles en esta granjería; e valía cada uno cincuenta y cient castellanos, y los vendían públicamente, aun habiendo sido prohibido por las justicias mesmas, aunque injustas por otra parte, porque los lucayos eran grandes nadadores. Han muerto también allí otros muchos sinnúmero de otras provincias y partes.

DEL RIO YUYAPARI

Por la provincia de Paria sube un río que se llama Yuyapari, más de docientas leguas la tierra arriba; por él subió un triste tirano muchas leguas el año de mil e quinientos e veinte y nueve con cuatrocientos o más hombres, e hizo matanzas grandísimas, quemando vivos y metiendo a espada infinitos innocentes que estaban en sus tierras y casas sin hacer mal a nadie, descuidados, e dejó abrasada e asombrada y ahuyentada muy gran cantidad de tierra. Y, en fin, él murió mala muerte y desbaratóse su armada; y después, otros tiranos sucedieron en aquellos males e tiranías, e hoy andan por allí destruyendo e matando e infernando las ánimas que el Hijo de Dios redimió con su sangre.

DEL REINO DE VENEZUELA

En el año de mil e quinientos e veinte y seis, con engaños y persuasiones dañosas que se hicieron al Rey nuestro señor, como siempre se ha trabajado de le encubrir la verdad de los daños e perdiciones que Dios y las ánimas y su estado rescebían en aquellas Indias, dio e concedió un gran reino, mucho mayor que toda España, que es el de Venezuela, con la gobernación e jurisdicción total, a los mercaderes de Alemaña, con cierta capitulación e concierto o asiento que con ellos se hizo. Éstos, entrados con trecientos hombres o más en aquellas tierras, hallaron aquellas gentes mansísimas oveja, como y mucho más que los otros las suelen hallar en todas las partes de las Indias antes que les hagan daño los españoles. Entraron en ellas, más pienso, sin comparación, cruelmente que ninguno de los otros tiranos que hemos dicho, e más irracional e furiosamente que crudelísimos tigres y que rabiosos lobos y leones. Porque con mayor ansia y ceguedad rabiosa de avaricia y más exquisitas maneras e industrias para haber y robar plata y oro que todos los de antes, pospuesto todo temor a Dios y al rey e vergüenza de las gentes, olvidados que eran hombres mortales, como más libertados, poseyendo toda la jurisdicción de la tierra, tuvieron.

Han asolado, destruido y despoblado estos demonios encarnados más de cuatrocientas leguas de tierras felicísimas, y en ellas grandes y admirables provincias, valles de cuarenta leguas, regiones amenísimas, poblaciones muy grandes, riquísimas de gentes y oro. Han muerto y despedazado totalmente grandes y diversas naciones, muchas lenguas que no han dejado persona que las hable, si no son algunos que se habrán metido en las cavernas y entrañas de la tierra huyendo de tan extraño e pestilencial cuchillo. Más han muerto y destruido, y echado a los infiernos de aquellas innocentes generaciones, por extrañas y varias y nuevas maneras de cruel iniquidad e impiedad (a lo que creo) de cuatro y cinco cuentos de ánimas; e hoy, en este día, no cesan actualmente de las echar. De infinitas e inmensas injusticias, insultos y estragos que han hecho e hoy hacen, quiero decir tres o cuatro no más, por los cuales se podrán juzgar los que, para efectuar las grandes destruiciones y despoblaciones que arriba decimos, pueden haber hecho.

Prendieron al señor supremo de toda aquella provincia sin causa ninguna, más de por sacalle oro dándole tormentos; soltóse y huyó, e fuese a los montes y alborotóse, e amedrentóse toda la gente de la tierra, escondiéndose por los montes y breñas; hacen entradas los españoles contra ellos para irlos a buscar; hállanlos; hacen crueles matanzas, e todos los que toman a vida véndenlos en públicas almonedas   por esclavos. En muchas provincias, y en todas donde quiera que llegaban, antes que prendiesen al universal señor, los salían a rescebir con cantares y bailes e con muchos presentes de oro en gran cantidad; el pago que les daban, por sembrar su temor en toda aquella tierra, hacíalos meter a espada e hacellos pedazos.

Una vez, saliéndoles a rescebir de la manera dicha, hace el capitán, alemán tirano, meter en una gran casa de paja mucha cantidad de gente y hácelos hacer pedazos. Y porque la casa tenía unas vigas en lo alto, subiéronse en ellas mucha gente huyendo de las sangrientas manos de aquellos hombres o bestias sin piedad y de sus espadas: mandó el infernal hombre pegar fuego a la casa, donde todos los que quedaron fueron quemados vivos. Despoblóse por esta causa gran número de pueblos, huyéndose toda la gente por las montañas, donde pensaban salvarse.

Llegaron a otra grande provincia, en los confines de la provincia e reino de Sancta Marta; hallaron los indios en sus casas, en sus pueblos y haciendas, pacíficos e ocupados. Estuvieron mucho tiempo con ellos comiéndoles sus haciendas e los indios sirviéndoles como si las vidas y salvación les hobieran de dar, e sufriéndoles sus continuas opresiones e importunidades ordinarias, que son intolerables, y que come más un tragón de un español en un día que bastaría para un mes en una casa donde haya diez personas de indios. Diéronles en este tiempo mucha suma de oro, de su propia voluntad, con otras innumerables buenas obras que les hicieron. Al cabo que ya se quisieron los tiranos ir, acordaron de pagarles las posadas por esta manera. Mandó el tirano alemán, gobernador (y también, a lo que creemos, hereje, porque ni oía misa ni la dejaba de oír a muchos, con otros indicios de luterano que se le conoscieron), que prendiesen a todos los indios con sus mujeres y hijos que pudieron, e métenlos en un corral grande o cerca de palos que para ello se hizo, e hízoles saber que el que quisiese salir y ser libre que se había de rescatar de voluntad del inicuo gobernador, dando tanto oro por sí e tanto por su mujer e por cada hijo. Y por más los apretar mandó que no les metiesen alguna comida hasta que le trajesen el oro que les pedía por su rescate. Enviaron muchos a sus casas por oro y rescatábanse según podían; soltábanlos e íbanse a sus labranzas y casas a hacer su comida: enviaba el tirano ciertos ladrones salteadores españoles que tornasen a prender los tristes indios rescatados una vez; traíanlos al corral, dábanles el tormento de la hambre y sed hasta que otra vez se rescatasen. Hobo déstos muchos que dos o tres veces fueron presos y rescatados; otros que no podían ni tenían tanto, porque lo habían dado todo el oro que poseían, los dejó en el corral perecer hasta que murieron de hambre.

Desta hecha dejó perdida y asolada y despoblada una provincia riquísima de gente y oro que tiene un valle de cuarenta leguas, y en ella quemó pueblo que tenía mil casas.

Acordó este tirano infernal de ir la tierra dentro, con cudicia e ansia de descubrir por aquella parte el infierno del Perú. Para este infelice viaje llevó él y los demás infinitos indios cargados con cargas de tres y cuatro arrobas, ensartados en cadenas. Cansábase alguno o desmayaba de hambre y del trabajo e flaqueza. Cortábanle luego la cabeza por la collera de la cadena, por no pararse a desensartar los otros que iban en las colleras de más afuera, e caía la cabeza a una parte y el cuerpo a otra, e repartían la carga de éste sobre las que llevaban los otros. Decir las provincias que asoló, las ciudades e lugares que quemó, porque son todas las casas de paja; las gentes que mató, las crueldades que en particulares matanzas que hizo perpetró en este camino, no es cosa creíble, pero espantable y verdadera. Fueron por allí después, por aquellos caminos, otros tiranos que sucedieron de la mesma Venezuela, e otros de la provincia de Sancta Marta, con la mesma sancta intención de descubrir aquella casa sancta del oro del Perú, y hallaron toda la tierra más de docientas leguas tan quemada y despoblada y desierta, siendo poblatísima e felicísima como es dicho, que ellos mesmos, aunque tiranos e crueles, se admiraron y espantaron de ver el rastro por donde aquél había ido, de tan lamentable perdición.

Todas estas cosas están probadas con muchos testigos por el fiscal del Consejo de las Indias, e la probanza está en el mesmo Consejo, e nunca quemaron vivos a ninguno destos tan nefandos tiranos. Y no es nada lo que está probado con los grandes estragos y males que aquéllos han hecho, porque todos los ministros de la justicia que hasta hoy han tenido en las Indias, por su grande y mortífera ceguedad no se han ocupado en examinar los delictos y perdiciones e matanzas que han hecho e hoy hacen todos los tiranos de las Indias, sino en cuanto dicen que por haber fulano y fulano hecho crueldades a los indios ha perdido el rey de sus rentas tantos mil castellanos; y para argüir esto poca probanza y harto general e confusa les basta. Y aun esto no saben averiguar, ni hacer, ni encarecer como deben, porque si hiciesen lo que deben a Dios y al rey hallarían que los dichos tiranos alemanes más han robado al rey de tres millones de castellanos de oro. Porque aquellas provincias de Venezuela, con las que más han estragado, asolado y despoblado más de cuatrocientas leguas (como dije), es la tierra más rica y más próspera de oro y era de población que hay en el mundo. Y más renta le han estorbado y echado a perder, que tuvieran los reyes de España de aquel reino, de dos millones, en diez y seis años que ha que los tiranos enemigos de Dios y del rey las comenzaron a destruir. Y estos daños, de aquí a la fin del mundo no hay esperanza de ser recobrados, si no hiciese Dios por milagro resucitar tantos cuentos de ánimas muertas. Éstos son los daños temporales del rey: sería bien considerar qué tales y qué tantos son los daños, deshonras, blasfemias, infamias de Dios y de su ley, y con qué se recompensarán tan innumerables ánimas como están ardiendo en los infiernos por la cudicia e inmanidad de aquestos tiranos animales o alemanes.

Con sólo esto quiero su infelicidad e ferocidad concluir: que desde que en la tierra entraron hasta hoy, conviene a saber, estos diez y seis años, han enviado muchos navíos cargados e llenos de indios por la mar a vender a Sancta Marta e a la isla Española e Jamaica y la isla de Sant Juan por esclavos, más de un cuento de indios, e hoy en este día los envían, año de mil e quinientos e cuarenta y dos, viendo y disimulando el Audiencia real de la isla Española, antes favoresciéndolo, como todas

las otras infinitas tiranías e perdiciones (que se han hecho en toda aquella costa de tierra firme, que son más de cuatrocientas leguas que han estado e hoy están estas de Venezuela y Sancta Marta debajo de su jurisdicción) que pudieran estorbar e remediar. Todos estos indios no ha habido más causa para los hacer esclavos de sola la perversa, ciega e obstinada voluntad, por cumplir con su insaciable cudicia de dineros de aquellos avarísimos tiranos, como todos los otros siempre en todas las Indias han hecho, tomando aquellos corderos y ovejas de sus casas e a sus mujeres e hijos por las maneras crueles y nefarias ya dichas, y echalles el hierro del rey para venderlos por esclavos.

DE LAS PROVINCIAS DE LA TIERRA FIRME POR LA PARTE

51

QUE SE LLAMA LA FLORIDA

A estas provincias han ido tres tiranos en diversos tiempos, desde el año de mil e quinientos y diez o de once, a hacer las obras que los otros e los dos dellos en las otras partes de las Indias han cometido, por subir a estados desproporcionados de su merescimiento, con la sangre e perdición de aquellos sus prójimos. Y todos tres han muerto mala muerte, con destruición de sus personas e casas que habían edificado de sangre de hombres en otro tiempo pasado, como yo soy testigo de todos tres ellas, y su memoria está ya raída de la haz de la tierra, como si no hobieran por esta vida pasado. Dejaron toda la tierra escandalizada e puesta en la infamia y horror de su nombre con algunas matanzas que hicieron, pero no muchas, porque los mató Dios antes que más hiciesen, porque les tenía guardado para allí el castigo de los males que yo sé e vide que en otras partes de las Indias habían perpetrado.

El cuarto tirano fue agora postreramente, el año de mil e quinientos e treinta y ocho, muy de propósito e con mucho aparejo; ha tres años que no saben dél ni parece: somos ciertos que luego en entrando hizo crueldades y luego desapareció, e que si es vivo él y su gente, que en estos tres años ha destruido grandes e muchas gentes si por donde fue las halló, porque es de los marcados y experimentados e de los que más daños y males y destruiciones de muchas provincias e reinos con otros sus compañeros ha hecho. Pero más creemos que le ha dado Dios el fin que a los otros ha dado.[37]

Después de tres o cuatro años de escripto lo susodicho, salieron de la tierra Florida el resto de los tiranos que fue con aqueste tirano mayor que muerto dejaron; de los cuales supimos las inauditas crueldades y maldades que allí en vida, principalmente dél y después de su infelice muerte los inhumanos hombres en aquellos innocentes e a nadie dañosos indios perpetraron; porque no saliese falso lo que arriba yo había adevinado. Y son tantas, que afirmaron la regla que arriba al principio pusimos: que cuanto más procedían en descubrir y destrozar y perder gentes y tierras, tanto más señaladas crueldades e iniquidades contra Dios y sus prójimos perpetraban. Estamos enhastiados de contar tantas e tan execrables y horribles e sangrientas obras, no de hombres, sino de bestias fieras, e por eso no he querido detenerme en contar más de las siguientes.

Hallaron grandes poblaciones de gentes muy bien dispuestas, cuerdas, políticas y bien ordenadas. Hacían en ellos grandes matanzas (como suelen) para entrañar su miedo en los corazones de aquellas gentes. Afligíanlos y matábanlos con echalles cargas como a bestias. Cuando alguno cansaba o desmayaba, por no desensartar de la cadena donde los llevaban en colleras otros que estaban antes de aquél, cortábanle la cabeza por el pescuezo e caía el cuerpo a una parte y la cabeza a otra, como de otras partes arriba contamos.

Entrando en un pueblo donde los rescibieron con alegría e les dieron de comer hasta hartar e más de seiscientos indios para acémilas de sus cargas e servicio de sus caballos, salidos de los tiranos, vuelve un capitán deudo del tirano mayor a robar todo el pueblo estando seguros, e mató a lanzadas al señor e rey de la tierra e hizo otras crueldades. En otro pueblo grande, porque les pareció que estaban un poco los vecinos dél más recatados por las infames y horribles obras que habían oído dellos, metieron a espada y lanza chicos y grandes, niños y viejos, subditos y señores, que no perdonaron a nadie.

A mucho número de indios, en especial a más de docientos juntos (según se dice), que enviaron a llamar de cierto pueblo, o ellos vinieron de su voluntad, hizo cortar el tirano mayor desde las narices con los labrios hasta la barba todas las caras, dejándolas rasas; y así, con aquella lástima y dolor e amargura, corriendo sangre, los enviaron a que llevasen las nuevas de las obras y milagros que hacían aquellos predicadores de la sancta fee católica baptizados. Juzgúese agora qué tales estarán aquellas gentes, cuánto amor ternán a los cristianos y cómo creerán ser el Dios que tienen bueno e justo, y la ley e religión, que profesan y de que se jactan, inmaculada. Grandísimas y extrañísimas son las maldades que allí cometieron aquellos infelices hombres, hijos de perdición. Y así, el más infelice capitán murió como malaventurado, sin confesión, e no dudamos sino que fue sepultado en los infiernos, si quizá Dios ocultamente no le proveyó, según su divina misericordia e no según los deméritos dél, por tan execrables maldades.

DEL RIO DE LA PLATA

Desde el año de mil e quinientos y veinte y dos o veinte y tres han ido al Río de la Plata, donde hay grandes reinos e provincias, y de gentes muy dispuestas e razonables, tres o cuatro veces capitanes. En general sabemos que han hecho muertes e daños; en particular, como está muy a trasmano de lo que más se tracta de las Indias, no sabemos cosas que decir señaladas. Ninguna duda empero tenemos que no hayan hecho y hagan hoy las mesmas obras que en las otras partes se han hecho y hacen. Porque son los mesmos españoles y entre ellos hay de los que se han hallado en las otras, y porque van a ser ricos e grandes señores como los otros, y esto es imposible que pueda ser, sino con perdición e matanzas y robos e diminución de los indios, según la orden e vía perversas que aquéllos como los otros llevaron.

Después que lo dicho se escribió, supimos muy con verdad que han destruido y despoblado grandes provincias y reinos de aquella tierra, haciendo extrañas matanzas y crueldades en aquellas desventuradas gentes, con las cuales se han señalado como los otros y más que otros, porque han tenido más lugar por estar más lejos de España, y han vivido más sin orden e justicia, aunque en todas las Indias no la hubo, como parece por todo lo arriba relatado.

Entre otras infinitas se han leído en el Consejo de las Indias las que se dirán abajo. Un tirano gobernador dio mandamiento a cierta gente suya que fuese a ciertos pueblos de indios e que si no les diesen de comer los matasen a todos. Fueron con esta auctoridad, y porque los indios como a enemigos suyos no se lo quisieron dar, más por miedo de vellos y por huillos que por falta de liberalidad, metieron a espada sobre cinco mil ánimas.

»Ítem, viniéronse a poner en sus manos y a ofrescerse a su servicio cierto número de gentes de paz, que por ventura ellos enviaron a llamar, y porque o no vinieron tan presto o porque, como suelen y es costumbre dellos vulgada, quisieron en ellos su horrible miedo y espanto arraigar, mandó el gobernador que los entregasen a todos en manos de otros indios que aquéllos tenían por sus enemigos. Los cuales, llorando y clamando, rogaban que los matasen ellos e no los diesen a sus enemigos; y no queriendo salir de la casa donde estaban, los hicieron pedazos, clamando y diciendo: «Venimos a serviros de paz e matáisnos; nuestra sangre quede por estas paredes en testimonio de nuestra injusta muerte y vuestra crueldad.» Obra fue ésta, cierto, señalada e dina de considerar e mucho más de lamentar.

DE LOS GRANDES REINOS Y GRANDES PROVINCIAS DEL

PERÚ

En el año de mil e quinientos e treinta y uno fue otro tirano grande con cierta gente a los reinos del Perú,[38] donde entrando con el título e intención e con los principios que los otros todos pasados (porque era uno de los que se habían más ejercitado e más tiempo en todas las crueldades y estragos que en la tierra firme desde el año de mil e quinientos y diez se habían hecho), cresció en crueldades y matanzas y robos, sin fee ni verdad, destruyendo pueblos, apocando, matando las gentes dellos e siendo causa de tan grandes males que han sucedido en aquellas tierras, que bien somos ciertos que nadie bastará a referillos y encarecellos, hasta que los veamos y conozcamos claros el día del Juicio; y de algunos que quería referir la deformidad y calidades y circunstancias que los afean y agravian, verdaderamente yo no podré ni sabré encarecer.

En su infelice entrada mató y destruyó algunos pueblos e les robó mucha cantidad de oro. En una isla que está cerca de las mesmas provincias, que se llama Pugna, muy poblada e graciosa, e rescibiéndole el señor y gente della como a ángeles del cielo, y después de seis meses habiéndoles comido todos sus bastimentos, y de nuevo descubriéndoles los trojes del trigo que tenían para sí e sus mujeres y hijos los tiempos de seca y estériles, e ofreciéndoselas con muchas lágrimas que las gastasen e comiesen a su voluntad, el pago que les dieron a la fin fue que los metieron a espada y alancearon mucha cantidad de gentes dellas y los que pudieron tomar a vida hicieron esclavos con grandes y señaladas crueldades otras que en ellas hicieron, dejando casi despoblada la dicha isla.

De allí vanse a la provincia de Túmbala, ques en la tierra firme, e matan y destruyen cuantos pudieron. Y porque de sus espantosas y horribles obras huían todas las gentes, decían que se alzaban e que eran rebeldes al rey. Tenía este tirano esta industria: que a lo que pedía y otros que venían a dalles presentes de oro y plata y de lo que tenían, decíales que trujesen más, hasta que él vía que o no tenían más o no traían más, y entonces decía que los rescebía por vasallos de los reyes de España y abrazábalos y hacía tocar dos trompetas que tenía, dándoles a entender que desde en adelante no les habían de tomar más ni hacelles mal alguno, teniendo por lícito todo lo que les robaba y le daban por miedo de las abominables nuevas que de él oían antes que él los rescibiese so el amparo y protección del rey; como si después de rescebidos debajo de la protección real no los oprimiesen, robasen, asolasen y destruyesen y él no los hobiera así destruido.

Pocos días después, viniendo el rey universal y emperador de aquellos reinos, que se llamó Atabaliba, con mucha gente desnuda y con sus armas de burla, no sabiendo cómo cortaban las espadas y herían las lanzas y cómo corrían los caballos, e quién eran los españoles (que si los demonios tuvieren oro, los acometerán para se lo robar), llegó al lugar donde ellos estaban, diciendo: «(¿Dónde están esos españoles? Salgan acá, que no me mudaré de aquí hasta que me satisfagan de mis vasallos que me han muerto, y pueblos que me han despoblado, e riquezas que me han robado.» Salieron a él, matáronle infinitas gentes, prendiéronle su persona, que venía en unas andas, y después de preso tractan con él que se rescatase: promete de dar cuatro millones de castellanos y da quince, y ellos prométenle de soltalle; pero al fin, no guardándole la fee ni verdad (como nunca en las Indias con los indios por los españoles se ha guardado), levántanle que por su mandado se juntaba gente, y él responde que en toda la tierra no se movía una hoja de un árbol sin su voluntad: que si gente se juntase creyesen que él la mandaba juntar, y que presto estaba, que lo matasen. No obstante todo esto, lo condenaron a quemar vivo, aunque después rogaron algunos al capitán que lo ahogasen, y ahogado lo quemaron. Sabido por él, dijo: ((¿Por qué me quemáis, qué os he hecho? ¿No me prometiste de soltar dándoos el oro? ¿No os di más de lo que os prometí? Pues que así lo queréis, enviadme a vuestro rey de España», e otras muchas cosas que dijo para gran confusión y detestación de la gran injusticia de los españoles; y en fin lo quemaron.

Considérese aquí la justicia e título desta guerra; la prisión deste señor e la sentencia y ejecución de su muerte, y la cosciencia con que tienen aquellos tiranos tan grandes tesoros como en aquellos reinos a aquel rey tan grande e a otros infinitos señores e particulares robaron.

De infinitas hazañas señaladas en maldad y crueldad, en estirpación de aquellas gentes, cometidas por los que se llaman cristianos, quiero aquí referir algunas pocas que un fraile de Sant Francisco a los principios vido, y las firmó de su nombre enviando treslados por aquellas partes y otros a estos reinos de Castilla, e yo tengo en mi poder un treslado con su propia firma, en el cual dice así:

((Yo, fray Marcos de Niza, de la orden de Sant Francisco, comisario sobre los frailes de la mesma orden en las provincias del Perú, que fue de los primeros religiosos que con los primeros cristianos entraron en las dichas provincias, digo dando testimonio verdadero de algunas cosas que yo con mis ojos vi en aquella tierra, mayormente cerca del tractamiento y conquistas hechas a los naturales. Primeramente, yo soy testigo de vista y por experiencia cierta conocí y alcancé que aquellos indios del Perú es la gente más benívola que entre indios se ha visto, y allegada e amiga a los cristianos. Y vi que aquéllos daban a los españoles en abundancia oro y plata e piedras preciosas y todo cuanto les pedían que ellos tenían, e todo buen servicio, e nunca los indios salieron de guerra sino de paz, mientras no les dieron ocasión con los malos tractamientos e crueldades, antes los rescebían con toda benivolencia y honor en los pueblos a los españoles, y dándoles comidas e cuantos esclavos y esclavas pedían para servicio.

»Ítem, soy testigo e doy testimonio que sin dar causa ni ocasión aquellos indios a los españoles, luego que entraron en sus tierras, después de haber dado el mayor cacique Atabaliba más de dos millones de oro a los españoles, y habiéndoles dado toda la tierra en su poder sin resistencia, luego quemaron al dicho Atabaliba, que era señor de toda la tierra, y en pos dél quemaron vivo a su capitán general Cochilimaca, el cual había venido de paz al gobernador con otros principales.

Asimesmo, después déstos dende a pocos días quemaron a Chamba, otro señor muy principal de la provincia de Quito, sin culpa ni haber hecho por qué.

»Asimesmo quemaron a Chapera, señor de los canarios, injustamente. Asimesmo Albia, gran señor de los que había en Quito, quemaron los pies e le dieron otros muchos tormentos porque dijese dónde estaba el oro de Atabaliba, del cual tesoro (como pareció) no sabía él nada. Asimesmo quemaron en Quito a Cozopanga, gobernador que era de todas las provincias de Quito. El cual, por ciertos requerimientos que le hizo Sebastián de Benalcázar, capitán del gobernador, vino de paz, y porque no dio tanto oro como le pedían, lo quemaron con otros muchos caciques e principales. Y a lo que yo pude entender su intento de los españoles era que no quedase señor en toda la tierra.

»Ítem, que los españoles recogieron mucho número de indios y los encerraron en tres casas grandes, cuantos en ellas cupieron, e pegáronles fuego y quemáronlos a todos sin hacer la menor cosa contra español ni dar la menor causa. Y acaeció allí que un clérigo que se llama Ocaña sacó un muchacho del fuego en que se quemaba, y vino allí otro español y tomóselo de las manos y lo echó en medio de las llamas, donde se hizo ceniza con los demás. El cual dicho español que así había echado en el fuego al indio, aquel mesmo día, volviendo al real, cayó súbitamente muerto en el camino e yo fui de parecer que no lo enterrasen.

»Ítem, yo afirmo que yo mesmo vi ante mis ojos a los españoles cortar manos, narices y orejas a indios e indias sin propósito, sino porque se les antojaba hacerlo, y en tantos lugares y partes que sería largo de contar. E yo vi que los españoles les echaban perros a los indios para que los hiciesen pedazos, e los vi así aperrear a muy muchos. Asimesmo vi yo quemar tantas casas e pueblos, que no sabría decir el número según eran muchos. Asimesmo es verdad que tomaban niños de teta por los brazos y los echaban arrojadizos cuanto podían, e otros desafueros y crueldades sin propósito, que me ponían espanto, con otras innumerables que vi que serían largas de contar.

»Ítem, vi que llamaban a los caciques e principales indios que viniesen de paz seguramente e prometiéndoles seguro, y en llegando luego los quemaban. Y en mi presencia quemaron dos: el uno en Andón y el otro en Túmbala, e no fui parte para se lo estorbar que no los quemasen, con cuanto les prediqué. E según Dios e mi conciencia, en cuanto yo puedo alcanzar, no por otra causa sino por estos malos

tractamientos, como claro parece a todos, se alzaron y levantaron los indios del Perú, y con mucha causa que se les ha dado. Porque ninguna verdad les han tractado, ni palabra guardado, sino que contra toda razón e injusticia, tiranamente los han destruido con toda la tierra, haciéndoles tales obras que han determinado antes de morir que semejantes obras sufrir.

«Ítem, digo que por la relación de los indios hay mucho más oro escondido que manifestado, el cual, por las injusticias e crueldades que los españoles hicieron no lo han querido descubrir, ni lo descubrirán mientras rescibieren tales tractamientos, antes querrán morir como los pasados. En lo cual Dios Nuestro Señor ha sido mucho ofendido e su Majestad muy deservido y defraudado en perder tal tierra que podía dar buenamente de comer a toda Castilla, la cual será harto dificultosa y costosa, a mi ver, de la recuperar.»

Todas éstas son sus palabras del dicho religioso formales, y vienen también firmadas del obispo de Méjico, dando testimonio de que todo esto afirmaba el dicho Padre fray Marcos.

Hase de considerar aquí lo que este Padre dice que vido, porque fue en cincuenta o cien leguas de tierra, y ha nueve o diez años, porque era a los principios, e había muy pocos que al sonido del oro fueron cuatro y cinco mil españoles y se estendieron por muchos y grandes reinos y provincias más de quinientas y setecientas leguas, que las tienen todas asoladas, perpetrando las dichas obras y otras más fieras y crueles. Verdaderamente, desde entonces acá hasta hoy más de mil veces más se ha destruido y asolado de ánimas que las que ha contado, y con menos temor de Dios y del rey e piedad, han destruido grandísima parte del linaje humano. Más faltan y han muerto de aquellos reinos hasta hoy (e que hoy también los matan) en obra de diez años, de cuatro cuentos de ánimas.

Pocos días ha que acañaverearon y mataron una gran reina, mujer del Inga,[39 el que quedó por rey de aquellos reinos, al cual los cristianos, por sus tiranías, poniendo las manos en él, lo hicieron alzar y está alzado.[40 Y tomaron a la reina su mujer y contra toda justicia y razón la mataron (y aún dicen que estaba preñada) solamente por dar dolor a su marido.

Si se hubiesen de contar las particulares crueldades y matanzas que los cristianos en aquellos reinos del Perú han cometido e cada día hoy cometen, sin dubda ninguna serían espantables y tantas que todo lo que hemos dicho de las otras partes se escureciese y paresciese poco, según la cantidad y gravedad dellas.

DEL NUEVO REINO DE GRANADA

El año de mil e quinientos y treinta y nueve concurrieron muchos tiranos yendo a buscar desde Venezuela y desde Sancta Marta y desde Cartagena el Perú, e otros que del mesmo Perú descendían a calar y penetrar aquellas tierras, e hallaron a las espaldas de Sancta Marta y Cartagena, trecientas leguas la tierra dentro, unas felicísimas e admirables provincias llenas de infinitas gentes mansuetísimas y buenas como las otras y riquísimas también de oro y piedras preciosas, las que se dicen esmeraldas. A las cuales provincias pusieron por nombre el Nuevo Reino de Granada, porque el tirano que llegó primero a estas tierras era natural del reino que acá está de Granada.[41] Y porque muchos inicuos e crueles hombres de los que allí concurrieron de todas partes eran insignes carniceros y derramadores de la sangre humana, muy acostumbrados y experimentados en los grandes pecados susodichos en muchas partes de las Indias, por eso han sido tales y tantas sus endemoniadas obras y las circunstancias y calidades que las afean e agravian, que han excedido a muy muchas y aun a todas las que los otros y ellos en las otras provincias han hecho y cometido.

De infinitas que en estos tres años han perpetrado e que agora en este día no cesan de hacer, diré algunas muy brevemente de muchas: que un gobernador (porque no le quiso admitir el que en el dicho Nuevo Reino de Granada robaba y mataba para que él robase e matase) hizo una probanza contra él de muchos testigos, sobre los estragos e desafueros y matanzas que ha hecho e hace, la cual se leyó y está en el Consejo de las Indias.

Dicen en la dicha probanza los testigos, que estando todo aquel reino de paz e sirviendo a los españoles, dándoles de comer de sus trabajos los indios continuamente y haciéndoles labranzas y haciendas e trayéndoles mucho oro y piedras preciosas, esmeraldas y cuanto tenían y podían, repartidos los pueblos y señores y gentes dellos por los españoles (que es todo lo que pretenden por medio para alcanzar su fin último, que es el oro) y puestos todos en la tiranía y servidumbre acostumbrada, el tirano capitán principal que aquella tierra mandaba prendió al señor y rey de todo aquel reino e túvolo preso seis o siete meses pidiéndole oro y esmeraldas, sin otra causa ni razón alguna. El dicho rey, que se llamaba Bogotá, por miedo que le pusieron, dijo que él daría una casa de oro que le pedían, esperando de soltarse de las manos de quien así lo afligía, y envió indios a que le trajesen oro, y por veces trajeron mucha cantidad de oro e piedras, pero porque no daba la casa de oro decían los españoles que lo matase, pues no cumplía lo que había prometido. El tirano dijo que se lo pidiesen por justicia ante él mesmo; pidiéronlo así por demanda, acusando al dicho rey de la tierra; él dio sentencia condenándolo a tormentos si no diese la casa de oro. Danle el tormento del tracto de cuerda; echábanle sebo ardiendo en la barriga, pónenle a cada pie una herradura hincada en un palo, y el pescuezo atado a otro palo, y dos hombres que le tenían las manos, e así le pegaban fuego a los pies, y entraba el tirano de rato en rato y decía que así lo había de matar poco a poco a tormentos si no le daba el oro. Y así lo cumplió e mató al dicho señor con los tormentos. Y estando atormentándolo mostró Dios señal de que detestaba aquellas crueldades en quemarse todo el pueblo donde las perpetraban. Todos los otros españoles, por imitar a su buen capitán y porque no saben otra cosa sino despedazar aquellas gentes, hicieron lo mesmo, atormentando con diversos y fieros tormentos cada uno al cacique y señor del pueblo o pueblos que tenían encomendados, estándoles sirviéndoles dichos señores con todas sus gentes y dándoles oro y esmeraldas cuanto podían y tenían. Y sólo los atormentaban porque les diesen más oro y piedras de lo que les daban. Y así quemaron y despedazaron todos los señores de aquella tierra.

Por miedo de las crueldades egregias que uno de los tiranos particulares en los indios hacía, se fueron a los montes huyendo de tanta inmanidad un gran señor que se llamaba Daitama, con mucha gente de la suya. Porque esto tienen por remedio y refugio (si les valiese). Y a esto llaman los españoles levantamientos y rebelión. Sabido por el capitán principal tirano, envía gente al dicho hombre cruel (por cuya ferocidad los indios que estaban pacíficos e sufriendo tan grandes tiranías y maldades se habían ido a los montes), el cual fue a buscallos, y porque no basta a esconderse en las entrañas de la tierra, hallaron gran cantidad de gente y mataron y despedazaron más de quinientas ánimas, hombres y mujeres e niños, porque a ningún género perdonaban. Y aun dicen los testigos que el mesmo señor Daitama había, antes que la gente le matasen, venido al dicho cruel hombre y le había traído cuatro o cinco mil castellanos, e no obstante esto hizo el estrago susodicho.

Otra vez, viniendo a servir mucha cantidad de gente a los españoles y estando sirviendo con la humildad e simplicidad que suelen, seguros, vino el capitán una noche a la ciudad donde los indios servían, y mandó que a todos aquellos indios los metiesen a espada, estando dellos durmiendo y dellos cenando y descansando de los trabajos del día. Esto hizo porque le pareció que era bien hacer aquel estrago para entrañar su temor en todas las gentes de aquella tierra.

Otra vez mandó el capitán tomar juramento a todos los españoles cuántos caciques y principales y gente común cada uno tenía en el servicio de su casa, e que luego los trajesen a la plaza, e allí les mandó cortar a todos las cabezas, donde mataron cuatrocientas o quinientas ánimas. Y dicen los testigos que desta manera pensaba apaciguar la tierra.

Otra vez envió el capitán al mesmo cruel hombre con ciertos españoles a la provincia de Bogotá a hacer pesquisa de quién era el señor que había suscedido en aquel señorío, después que mató a tormentos al señor universal, y anduvo por muchas leguas de tierra prendiendo cuantos indios podía haber, e porque no le decían quién era el señor que había suscedido, a unos cortaba las manos y a otros hacía echar a los perros bravos que los despedazaban, así hombres como mujeres, y desta manera mató y destruyó muchos indios e indias. Y un día, al cuarto del alba, fue a dar sobre unos caciques o capitanes y gente mucha de indios que estaban de paz y seguros, que los había asegurado y dado la fe de que no recibirían mal ni daño, por la cual seguridad se salieron de los montes donde estaban escondidos a poblar a lo raso, donde tenían su pueblo, y así estando descuidados y con confianza de la fe que les habían dado, prendió mucha cantidad de gente, mujeres y hombres, y les mandaba poner la mano tendida en el suelo, y él mesmo, con un alfanje, les cortaba las manos e decíales que aquel castigo les hacía porque no le querían decir dónde estaba el señor nuevo que en aquel reino había suscedido.

Otra vez, porque no le dieron un cofre lleno de oro los indios, que les pidió este cruel capitán, envió gente a hacer guerra, donde mataron infinitas ánimas, e cortaron manos y narices a mujeres y a hombres que no se podrían contar, y a otros echaron a perros bravos, que los comían y despedazaban.

Otra vez, viendo los indios de una provincia de aquel reino que habían quemado los españoles tres o cuatro señores principales, de miedo se fueron a un peñón fuerte para se defender de enemigos que tanto carescían de entrañas de hombres, y serían en el peñón y habría (según dicen los testigos) cuatro o cinco mil indios. Envía el capitán susodicho a un grande y señalado tirano (que a muchos de los que de aquellas partes tienen cargo de asolar, hace ventaja) con cierta gente de españoles para que castigase, diz que los indios alzados que huían de tan gran pestilencia y carnicería, como si hobieran hecho alguna sin justicia y a ellos perteneciera hacer el castigo y tomar la venganza, siendo dignos ellos de todo crudelísimo tormento sin misericordia, pues tan ajenos son de ella y de piedad con aquellos innocentes. Idos los españoles al peñón, súbenlo por fuerza, como los indios sean desnudos y sin armas, y llamando los españoles a los indios de paz y que los aseguraban que no les harían mal alguno, que no peleasen, luego los indios cesaron: manda el crudelísimo hombre a los españoles que tomasen todas las fuerzas del peñón, e tomadas, que diesen en los indios. Dan los tigres y leones en las ovejas mansas y desbarrigan y metan a espada tantos, que se pararon a descansar: tantos eran los que habían hecho pedazos. Después de haber descansado un rato mandó el capitán que matasen y despeñasen del peñón abajo, que era muy alto, toda la gente que viva quedaba. Y así la despeñaron toda, e dicen los testigos que veían nubada de indios echados del peñón abajo de setecientos hombres juntos, que caían donde se hacían pedazos.

Y por consumar del todo su gran crueldad rebuscaron todos los indios que se habían escondido entre las matas, y mandó que a todos les diesen estocadas y así los mataron y echaron de las peñas abajo. Aún no quiso contentarse con las cosas tan crueles ya dichas; pero quiso señalarse más y aumentar la horribilidad de sus pecados en que mandó que todos los indios e indias que los particulares habían tomado vivos (porque cada uno en aquellos estragos suele escoger algunos indios e indias y muchachos para servirse) los metiesen en una casa de paja (escogidos y dejados los que mejor le parecieron para su servicio) y les pegasen fuego, e así los quemaron vivos, que serían obra de cuarenta o cincuenta. Otros mandó echar a los perros bravos, que los despedazaron e comieron.

Otra vez, este mesmo tirano fue a cierto pueblo que se llamaba Cota y tomó muchos indios e hizo despedazar a los perros quince o veinte señores e principales, y cortó mucha cantidad de manos de mujeres y hombres, y las ató en unas cuerdas, y las puso colgadas de un palo a la lengua, porque viesen los otros indios lo que había hecho a aquéllos, en que habría setenta pares de manos; y cortó muchas narices a mujeres y a niños.

Las hazañas y crueldades deste hombre, enemigo de Dios, no las podría alguno explicar, porque son innumerables e nunca tales oídas ni vistas que ha hecho en aquella tierra y en la provincia de Guatimala, y dondequiera que ha estado. Porque ha muchos años que anda por aquellas tierras haciendo aquestas obras y abrasando y destruyendo aquellas gentes y tierras.

Dicen más los testigos en aquella probanza: que han sido tantas, y tales, y tan grandes las crueldades y muertes que se han hecho y se hacen hoy en el dicho Nuevo Reino de Granada por sus personas los capitanes, y consentido hacer a todos aquellos tiranos y destruidores del género humano que con él estaban, que tienen toda la tierra asolada y perdida, e que si Su Majestad con tiempo no lo manda remediar (según la matanza en los indios se hace solamente por sacalles el oro que no tienen, porque todo lo que tenían lo han dado) que se acabará en poco de tiempo que no haya indios ningunos para sostener la tierra y quedará toda yerma y despoblada.

Débese aquí de notar la cruel y pestilencial tiranía de aquellos infelices tiranos, cuán recia y vehemente e diabólica ha sido, que en obra de dos años o tres que ha que aquel Reino se descubrió, que (según todos los que en él han estado y los testigos de la dicha probanza dicen) estaba el más poblado de gente que podía ser tierra en el mundo, lo hayan todo muerto y despoblado tan sin piedad y temor de Dios y del rey, que digan que si en breve Su Majestad no estorba aquellas infernales obras, no quedará hombre vivo ninguno. Y así lo creo yo, porque muchas y grandes tierras en aquellas partes he visto por mis mismos ojos, que en muy breves días las han destruido y del todo despoblado.

Hay otras provincias grandes que confinan con las partes del dicho Nuevo Reino de Granada, que se llaman Popayán y Cali, e otras tres o cuatro que tienen más de quinientas leguas, las han asolado y destruido por las maneras que esas otras, robando y matando, con tormentos y con los desafueros susodichos, las gentes dellas que eran infinitas. Porque la tierra es felicísima, y dicen los que agora vienen de allá que es una lástima grande y dolor ver tantos y tan grandes pueblos quemados y asolados como vían pasando por ellas, que donde había pueblo de mil e dos mil vecinos no hallaban cincuenta, e otros totalmente abrasados y despoblados. Y por muchas partes hallaban ciento y docientas leguas e trecientas todas despobladas, quemadas y destruidas grandes poblaciones. Y, finalmente, porque desde los reinos del Perú, por la parte de la provincia del Quito, penetraron grandes y crueles tiranos hacia el dicho Nuevo Reino de Granada y Popayán e Cali, por la parte de Cartagena y Urabá y de Cartagena otros malaventurados tiranos fueron a salir al Quito, y después otros por la parte del río de Sant Juan, que es a la costa del Sur (todos los cuales se vinieron a juntar), han estirpado y despoblado más de seiscientas leguas de tierras, echando aquellas tan inmensas ánimas a los infiernos; haciendo lo mesmo el día de hoy a las gentes míseras, aunque innocentes, que quedan.

Y porque sea verdadera la regla que al principio dije, que siempre fue creciendo la tiranía y violencias e injusticias de los españoles contra aquellas ovejas mansas, en crudeza, inhumanidad y maldad, lo que agora en las dichas provincias se hace entre otras cosas dignísimas de todo fuego y tormento, es lo siguiente:

Después de las muertes y estragos de las guerras, ponen, como es dicho, las gentes en la horrible servidumbre arriba dicha, y encomiendan a los diablos a uno docientos e a otro trecientos indios. El diablo comendero diz que hace llamar cient indios ante sí: luego vienen como unos corderos; venidos, hace cortar las cabezas a treinta o cuarenta dellos e dice a los otros: «Lo mesmo os tengo de hacer si no me servís bien o si os vais sin mi licencia».

Considérese agora, por Dios, por los que esto leyeren, qué obra es ésta e si excede a toda crueldad e injusticia que pueda ser pensada; y si les cuadra bien a los tales cristianos llamallos diablos, e si sería más encomendar los indios a los diablos del infierno que es encomendarlos a los cristianos de las Indias.

Pues otra obra diré que no sé cuál sea más cruel, e más infernal, e más llena de ferocidad de fieras bestias, o ella o la que agora se dijo. Ya está dicho que tienen los españoles de las Indias enseñados y amaestrados perros bravísimos y ferocísimos para matar y despedazar los indios. Sepan todos los que son verdaderos cristianos y aun los que no lo son si se oyó en el mundo tal obra, que para mantener los dichos perros traen muchos indios en cadenas por los caminos, que andan como si fuesen manadas de puercos, y matan dellos, y tienen carnicería pública de carne humana, e dícense unos a otros: «Préstame un cuarto de un bellaco désos para dar de comer a mis perros hasta que yo mate otro», como si prestasen cuartos de puerco o de carnero. Hay otros que se van a caza las mañanas con sus perros, e volviéndose a comer, preguntados cómo les ha ido, responden: «Bien me ha ido, porque obra de quince o veinte bellacos dejo muertos con mis perros.» Todas estas cosas e otras diabólicas vienen agora probadas en procesos que han hecho unos tiranos contra otros. ¿Qué puede ser más fea ni fiera ni inhumana cosa?

Con esto quiero acabar hasta que vengan nuevas de más egregias en maldad (si más que éstas pueden ser) cosas, o hasta que volvamos allá a verlas de nuevo, como cuarenta y dos años ha que los veemos por los ojos sin cesar, protestando en Dios y en mi consciencia que, según creo y tengo por cierto, que tantas son las perdiciones, daños, destruiciones, despoblaciones, estragos, muertes y muy grandes crueldades horribles y especies feísimas dellas, violencias, injusticias, y robos y matanzas que en aquellas gentes y tierras se han hecho (y aún se hacen hoy en todas aquellas partes de las Indias), que en todas cuantas cosas he dicho y cuanto lo he encarescido, no he dicho ni encarescido, en calidad ni en cantidad, de diez mil partes (de lo que se ha hecho y se hace hoy) una.

Y para que más compasión cualquiera cristiano haya de aquellas innocentes naciones y de su perdición y condenación más se duela, y más culpe y abomine y deteste la cudicia y ambición y crueldad de los españoles, tengan todos por verdadera esta verdad, con las que arriba he afirmado: que después que se descubrieron las Indias hasta hoy, nunca en ninguna parte dellas los indios hicieron mal a cristiano, sin que primero hobiesen rescebido males y robos e traiciones dellos. Antes siempre los estimaban por inmortales y venidos del cielo, e como a tales los rescebían, hasta que sus obras testificaban quién eran y qué pretendían.

Otra cosa es bien añidir: que hasta hoy, desde sus principios, no se ha tenido más cuidado por los españoles de procurar que les fuese predicada la fe de Jesucristo a aquellas gentes, que si fueran perros o otras bestias; antes han prohibido de principal intento a los religiosos, con muchas aflictiones y persecuciones que les han causado, que no les predicasen, porque les parecía que era impedimento para adquirir el oro e riquezas que les prometían sus cudicias. Y hoy en todas las Indias no hay más conoscimiento de Dios, si es de palo, o de cielo, o de tierra, que hoy ha cient años entre aquellas gentes, si no es en la Nueva España, donde han andado religiosos, que es un rinconcillo muy chico de las Indias; e así han perescido y perescen todos sin fee e sin sacramentos.

Fue inducido yo, fray Bartolomé de las Casas o Casaus, fraile de Sancto Domingo, que por la misericordia de Dios ando en esta corte de España procurando echar el infierno de las Indias, y que aquellas infinitas muchedumbres de ánimas redemidas por la sangre de Jesucristo no perezcan sin remedio para siempre, sino que conozcan a su criador y se salven, y por compasión que he de mi patria, que es Castilla, no la destruya Dios por tan grandes pecados contra su fee y honra cometidos y en los prójimos, por algunas personas notables, celosas de la honra de Dios e compasivas de las aflictiones y calamidades ajenas que residen en esta corte, aunque yo me lo tenía en propósito y no lo había puesto por obra por mis continuas ocupaciones. Acábela en Valencia, a ocho de diciembre de mil e quinientos y cuarenta y dos años, cuando tienen la fuerza y están en su colmo actualmente todas

las violencias, opresiones, tiranías, matanzas, robos y destruiciones, estragos, despoblaciones, angustias y calamidades susodichas, en todas las partes donde hay cristianos de las Indias. Puesto que en unas partes son más fieras y abominables que en otras. México y su comarca está un poco menos malo, o donde al menos no se osa hacer públicamente, porque allí, y no en otra parte, hay alguna justicia (aunque muy poca), porque allí también los matan con infernales tributos. Tengo grande esperanza que porque el emperador y rey de España, nuestro señor don Carlos, quinto deste nombre, va entendiendo las maldades e traiciones que en aquellas gentes e tierras, contra la voluntad de Dios y suya, se hacen y han hecho (porque hasta agora se le ha encubierto siempre la verdad industriosamente), que ha de extirpar tantos males y ha de remediar aquel Nuevo Mundo que Dios le ha dado, como amador y cultor que es de justicia, cuya gloriosa y felice vida e imperial estado Dios todopoderoso, para remedio de toda su universal Iglesia e final salvación propia de su real ánima, por largos tiempos Dios prospere. Amén.

Después de escripto lo susodicho, fueron publicadas ciertas leyes y ordenanzas que Su Majestad por aquel tiempo hizo en la ciudad de Barcelona, año de mil e quinientos y cuarenta y dos, por el mes de noviembre; en la villa de Madrid, el año siguiente. Por las cuales se puso la orden que por entonces pareció convenir, para que cesasen tantas maldades y pecados que contra Dios y los prójimos y en total acabamiento y perdición de aquel orbe convenía. Hizo las dichas leyes Su Majestad después de muchos ayuntamientos de personas de gran autoridad, letras y consciencia, y disputas, y conferencias en la villa de Valladolid, y, finalmente, con acuerdo y parecer de todos los más, que dieron por escripto sus votos e más cercanos se hallaron de las reglas de la ley de Jesucristo, como verdaderos cristianos, y también libres de la corrupción y ensuciamiento de los tesoros robados de las Indias. Los cuales ensuciaron las manos e más las ánimas de muchos que entonces las mandaban, de donde procedió la ceguedad suya para que las destruyesen, sin tener escrúpulo alguno dello.

Publicadas estas leyes, hicieron los hacedores de los tiranos que entonces estaban en la Corte muchos treslados dellas (como a todos les pesaba, porque parecía que se les cerraban las puertas de participar lo robado y tiranizado) y enviáronlos a diversas partes de las Indias. Los que allá tenían cargo de las robar, acabar y consumir con sus tiranías, como nunca tuvieron jamás orden, sino toda la desorden que pudiera poner Lucifer, cuando vieron los treslados, antes que fuesen los jueces nuevos que los habían de ejecutar, conosciendo (a lo que se dice y se cree) de los que acá hasta entonces los habían en sus pecados e violencias sustentado, que lo debían hacer, alborotáronse de tal manera, que cuando fueron los buenos jueces a las ejecutar, acordaron de (como habían perdido a Dios el amor y temor) perder la vergüenza y obediencia a su rey. Y así acordaron de tomar por renombre traidores, siendo crudelísimos y desenfrenados tiranos; señaladamente en los reinos del Perú, donde hoy, que estamos en el año de mil e quinientos y cuarenta y seis, se cometen tan horribles y espantables y nefarias obras cuales nunca se hicieron ni en las Indias ni en el mundo, no sólo en los indios, los cuales ya todos o cuasi todos los tienen muertos, e aquellas tierras dellos despobladas, pero en sí mesmos unos a otros, con justo juicio de Dios: que pues no ha habido justicia del rey que los castigue, viniese del cielo, permitiendo que unos fuesen de otros verdugos.[42]

Con el favor de aquel levantamiento de aquéllos, en todas las otras partes de aquel mundo no han querido cumplir las leyes, e con color de suplicar dellas están tan alzados como los otros. Porque se les hace de mal dejar los estados y haciendas usurpadas que tienen, e abrir mano de los indios que tienen en perpetuo captiverio. Donde han cesado de matar con espadas de presto, mátanlos con servicios personales e otras vejaciones injustas e intolerables su poco a poco. Y hasta agora no es poderoso el rey para lo estorbar, porque todos, chicos y grandes andan a robar, unos más, otros menos; unos pública e abierta, otros secreta y paliadamente. Y con color de que sirven al Rey deshonran a Dios y roban y destruyen al Rey.

Fue impressa la presente obra en la muy noble e muy leal ciudad de Sevilla, en casa de Sebastián Trujillo, impressor de libros. A nuestra señora de Gracia. Año de MDLII.

Su vida

Fray Bartolomé de Las Casas nació en Sevilla en 1484. Estudió Derecho Canónico en Salamanca. Su padre viajó con Colón en 1492 y el propio Cristóbal Colón le obsequió con un joven esclavo indio (que más tarde sería devuelto a su tierra). Sin embargo, este hecho marcaría al joven Bartolomé. En 1502 acompañó al conquistador Gonzalo Fernández de Oviedo al Nuevo Mundo.

Su primer asentamiento se produjo en La Española en 1502, donde se convirtió en encomendero. En 1510 se ordena como sacerdote y en los años siguientes va a Cuba con Pánfilo Narváez y Diego Velázquez como capellán castrense. El hecho que desencadenaría su dedicación de por vida a la defensa de los indígenas fue la matanza de indios en Caonao y la tortura del cacique Hatuey. Sería en el período comprendido entre 1515 y 1517 cuando llevó a cabo su primer intento de defensa en la Corte peninsular.

Fue el Cardenal Jiménez Cisneros quien le dio el título de «Protector de los indios» y en 1520 lo autorizó para fundar una colonia en Santo Domingo, la cual fracasó. En 1514 se produce un cambio en su vida tras una etapa de crisis y es entonces cuando comienza su labor como defensor de los indios. No sería hasta 1523 cuando decide su ingreso en la Orden Dominicana.

Se le consideraba un agitador en la Corte de Carlos V y fue gracias a su gestión que las Nuevas Leyes de Indias salieron adelante en 1542. Incluso, se logró que por algún tiempo el sistema de encomiendas se suprimiera. De hecho, es uno de los mayores exponentes de la «leyenda negra» española. Una de sus máximas

- Página 96

desilusiones fue el fracaso de la comisión de jerónimos (en la que él mismo participó), la cual se iba a encargar de ir al Nuevo Mundo para investigar si era cierto lo que se denunciaba.

Promulgaba una organización colonial pacífica, sin crueldad. Estaba a favor de emplear medios alternativos de colonización y evangelización, sin el uso de la violencia. Sin embargo, cometió un grave error, del que posteriormente se arrepentiría, al recomendar la importación de esclavos negros africanos para liberar a los indios de los trabajos forzosos.

Fray Bartolomé de Las Casas no sólo limitó su acción humanitaria y de defensa a Cuba o La Española, sino que participó en otros lugares como Perú y Guatemala. En 1544 fue nombrado obispo de Chiapas y anteriormente había rechazado el mismo cargo en Cuzco.

Realizó varios viajes oceánicos, siempre con el objetivo de defender a los indios. Su regreso definitivo a España se produjo en 1547. En 1551 refutó la tesis de Juan Ginés Sepúlveda, quien defendía la superioridad europea y licitaba la guerra contra los naturales.

Las Casas murió en el Convento de Atocha en Madrid en 1566.

Su obra

La obra de Fray Bartolomé de Las Casas está encaminada a la defensa de los indios. Intentaba demostrar su valía y la calidad de su cultura. Las Casas creía firmemente en la posibilidad de una cristianización pacífica de los indígenas.

Su obra más famosa es la «Brevísima relación dela destruición de las Indias» (1552), basada en información personal y documental. Se trata de un informe para ilustrar al joven príncipe Felipe. «Apologética Historia Sumaria» es una disertación en laque describe la vida y costumbres de los indios y promulga la igualdad indígena y su derecho a una evangelización pacífica. La «Historia General de las Indias» es una gran síntesis histórica.

Durante su estancia en Perú escribió «De Thesauris in Peru», obra que trata del saqueo de las huacas; y el «Tratado de las doce dudas», en el que responde a fray Bartolomé de la Vega.

Alrededor de 1557 redactó la obra titulada «Deunico vocationis modo...» en la que condenaba la guerra como medio de conversión a la fe. Esta obra se ha situado en conexión con el intento de evangelización pacífica de Guatemala.

Otras obras del autor son la «Brevísima relación de la destruición de Africa» (que se imprimió por primera vez en 1875), la transcripción del diario de Cristóbal Colón, «Confesionario» (publicada en 1552) y diversos tratados.

Fin

Made in the USA
Coppell, TX
03 July 2020